Super Nanny

APRENDIENDO A ENSEÑAR

Estrategias sencillas para educar

RICOCHET
A Shedmedia Company

Paraninfo

cuatro

Paraninfo

Ediciones Paraninfo
Av. de Filipinas, 50, bajo dcha., pta. A
28003 Madrid
www.paraninfo.es

Autores:
Rocío Ramos-Paul y Luis Torres Cardona
Centro BIEM. www.rocioramos-paul.com

Fotografía de portada:
© Istockfoto

Fotografía de contraportada de Rocío Ramos-Paul:
© Roberto Garver

Fotografías:
© Getty Images, © Firofoto, © Morguefile

Ilustraciones:
Juan Carlos Paz Gómez

Diseño de cubierta:
Aboli Diseño Gráfico

Diseño interior y maquetación:
Eva Zuazua Huerta

Impresión:
Brosmac, S.L.

ISBN: 978-84-283-3200-2
Depósito legal: M-41.625/2009

Impreso en España

ÍNDICE

PRESENTACIÓN

Educar significa esencialmente enseñar a aprender. De ahí el título de este libro que nace con el objetivo de acompañarte en el proceso más importante de tu vida: APRENDER A ENSEÑAR.

Partimos de una premisa básica: si consigues que tu hijo asimile el proceso de aprendizaje, podrá aprender cualquier cosa. Puede desarrollar esta habilidad poniéndose los calcetines, haciendo amigos o estudiando. Ponerlo en práctica requiere aprender un esquema de actuación, y tu hijo está en el momento óptimo para interiorizarlo (si tú le enseñas).

Este libro te ofrece estrategias para educar. Si tu objetivo es convertir a tu hijo en un superniño, la lectura de estas páginas no te ayudará, cada niño es distinto y respetar la diferencia es clave para su óptimo desarrollo. Sería realmente aburrido crear clones y, a la larga, estamos seguros de que les traería problemas. Si lo que pretendes es desarrollar todas las capacidades que tiene, entonces el objetivo es común. Una vez escuché a alguien muy cercano decir "mi única herencia es la educación que te dejé". Nada resume mejor la importancia de enseñar a nuestros hijos a aprender.

Hablar de educar implica hacerlo de hábitos, límites, emociones y relaciones. Todas estas áreas tienen que estar presentes porque son imprescindibles para que el niño crezca feliz. Por eso, en este libro las definiremos una a una al principio de cada capítulo. Pretender separarlas mientras educamos es imposible. Todas están relacionadas y cuando intervenimos en la modificación de una conducta, lo hacemos también sobre lo que piensa y siente el niño. Así, si vence su miedo a la oscuridad, se sentirá seguro, dormirá solo, se levantará descansado y pensará que es capaz de enfrentar eficazmente cualquier otra dificultad.

Encontrarás los comportamientos más representativos de cada área y edad con pautas para conseguir enseñarles a desarrollarlos. Entendemos que en todo aprendizaje se presentan dificultades. Por eso, hemos recogido las más frecuentes y cómo enfrentarlas en el apartado ¿Y si no lo aprende?

Nos parece que para educar es fundamental ponerse manos a la obra. Leer casos prácticos te ayudará a planificar tus propias estrategias, siempre que las modifiques en función de la edad y las capacidades de tu hijo. Insistimos en que lo primero que debes hacer es decidir si estás de acuerdo en enseñar a tu hijo desde la metodología que te proponemos, porque tomada la decisión tendrás que mantenerla y esperar un tiempo a que aparezcan los resultados. "¡Esto no vale con mi hijo!" Lo hemos oído muchas veces en la consulta. Detrás de esta frase suelen aparecer dos motivos: una mala aplicación de la metodología y/o poco tiempo de aplicación. Quizá vivir un momento social que obliga a que el resultado sea inmediato no cuadra con la labor de educar, que necesita mucho tiempo y los resultados se suelen ver a largo plazo.

Si después de leer y poner en práctica las distintas propuestas que aparecen en el libro no avanzas en tus objetivos, independientemente de la razón por la que crees que puede ocurrir, plantéate la posibilidad de visitar a un especialista, porque las cosas no siempre se solucionan con el tiempo.

Por último, queremos animarte a que leas este libro desde la motivación de quien emprende una labor de envergadura, en la que cada logro provoca satisfacción y el resultado final será hacer de tu hijo un adulto feliz.

Rocío Ramos-Paúl y Luis Torres Cardona.
Centro de Psicología BIEM.

R
U
T

I
N
A
S

La repetición de rutinas genera hábitos. La importancia que tienen los hábitos en la educación del niño está ligada al sentimiento de seguridad que necesita para ser feliz. Ningún niño se siente seguro si no sabe lo que va a ocurrir, de manera que es necesario establecer horarios que se lo anticipen. Entenderemos la ansiedad que sienten cuando no hay hábitos establecidos, imaginando que nos encierran en una habitación a oscuras y nos dejan allí sin saber quién va a entrar, el momento del día o el lugar en el que estamos.

Los padres son los que marcan las rutinas de los hijos, los encargados de poner orden en su pequeño mundo para hacerlo seguro y predecible a través de la repetición de rituales que el niño asocia a cada actividad cotidiana.

Mantenerse firme y constante en la instauración del hábito respetando las rutinas ayuda a prevenir y controlar conflictos como: manipulaciones, miedos, obesidad o comportamientos inadecuados.

El niño no sabe la hora, ni diferencia los días, hasta que los padres con un horario y un rígido cumplimiento del mismo, le estructuran su vida, generándole un esquema interno que le permite ir adaptándose al medio. Adquirirlos no solo influye en el crecimiento, el bienestar y la salud del niño, también facilita la adquisición de aprendizajes posteriores. El niño que tiene un adecuado hábito de alimentación y sueño encontrará menos dificultades a la hora de enfrentarse al estudio.

Aunque la forma de instaurar hábitos es siempre la misma, hay que estructurarlos en función de sus necesidades y capacidades. Los hay que parecen no tener nunca sensación de apetito, los hay poco dormilones, otros que se entretienen con una mosca y los que alargan eternamente la hora de volver a casa.

Una vez sabemos cómo es nuestro hijo le brindaremos una rutina que responda a sus características personales de alimentación, sueño, estudio...

Hay tres máximas que aseguran el éxito a la hora de instaurar un hábito.

A LA MISMA HORA

Lo marcamos al establecer un horario y cumplirlo. Hasta los 2 años el horario se referirá principalmente a las horas de sueño y alimentación, pero luego contemplará el de higiene, el de estudio, el de tiempo de ocio, etc.

EN EL MISMO LUGAR

Si queremos dar orden a la vida del niño hay que enseñarle que cada espacio tiene una función. Así, no le daremos la comida en el baño por mucho que le entretenga el sonido del agua, ni le permitiremos estudiar en el salón con la televisión puesta por mucho que nos diga que no se entretiene. Además, cada cosa tendrá un lugar en la casa para poder recogerlo después de su uso: los juguetes en su habitación, el orinal en el baño o los libros en la cartera. "El orden externo favorece el interno". Intentaremos que cada rutina se desarrolle en un lugar seguro, limpio, ordenado y atractivo.

DE LA MISMA MANERA

Antes de iniciar una nueva rutina, avisaremos al niño para que deje la actividad que está realizando, secuenciando los pasos que tiene que seguir para su ejecución.

Para que un hábito se integre dentro del esquema del niño lo acompañamos de **rutinas** (acontecimientos/rituales previos que se asocian a la actividad propia del hábito) que le anuncian lo que viene a continuación: lavarse las manos antes de comer, preparar el pijama antes del baño, organizar las tareas antes de empezar a estudiar. Implicarle en estos rituales es fundamental para motivarle y que se sienta atraído hacia la tarea. Por eso buscamos su participación haciéndole responsable y protagonista de estas. Ellos sienten gran curiosidad por aprender y son capaces de realizar grandes esfuerzos, así como entusiasmarse con quien les motiva.

Pero el aprendizaje de las rutinas aporta mucho más al desarrollo del niño:

- Las rutinas diarias proporcionan oportunidades para aprender.
- Les hace autónomos, de modo que aprenden a hacer cosas solos.

Todos hemos aprendido a comer, a dormir, a estudiar, a ir al baño o al colegio, pero no todos lo hacemos de igual manera. El manejo de las distintas situaciones es lo que nos diferencia a unos y otros. Aquí radica la importancia de hacerlo adecuadamente. El insomnio, el fracaso escolar, los trastornos de alimentación pueden ser algunas consecuencias de un hábito mal adquirido o inexistente. La consecuencia más evidente se refleja en los niños que en torno a los 4 años desarrollan problemas de comportamiento e inseguridad y se resisten a asumir sus responsabilidades y tareas porque previamente no han tenido hábitos y rutinas.

Recuerda:

La repetición de una rutina genera hábitos siempre que se desarrollen en el mismo momento, en el mismo lugar y de la misma forma.

La seguridad del niño pasa por establecer horarios porque le permiten saber lo que va a ocurrir y dan orden a su vida.

Con las rutinas fomentamos su autonomía dejándole hacer cosas por sí mismo, aunque tarde un poco más.

Los primeros hábitos que aparecen en la vida del bebé son alimentación y sueño. ¡Estamos ante un momento estupendo para empezar a inculcárselos, de este modo nos será más fácil hacerlo con hábitos posteriores como la higiene o el estudio!

Entre los 2/3 años, la edad del NO, pueden aparecer algunas negativas a actividades que anteriormente realizaba con éxito. Mantenerse firmes y constantes será fundamental para evitar un retroceso.

LAS RUTINAS Y LA EDAD DEL NIÑO

La adquisición de hábitos es un proceso gradual que el niño aprende desde su nacimiento, generalmente durante los primeros años. Hemos hablado de la importancia de este proceso, pero ¿a qué edad podemos empezar a inculcárselos a nuestro hijo? Veamos algunas pistas para saber hasta dónde podemos llegar con nuestro hijo:

Alimentación

- Durante los primeros 4 meses de vida la alimentación del bebé es únicamente la leche. En las primeras semanas la alimentación debe responder a la demanda del lactante, para poco a poco ir adaptándose a unos horarios e ir creando el hábito. A partir del primer año, el número de comidas diarias debe ser similar al de los adultos: desayuno, almuerzo, cena y una o dos comidas más de sustento, como pueden ser el tentempié de media mañana y la merienda.
- Aproximadamente en torno a los 2 años de vida, todos los niños suelen pasar por rachas de inapetencia en las que puede que empiecen a *jugar* con la comida. También es la edad del NO a todo. Lejos de desesperarnos, es un buen momento para empezar a fomentar la autonomía en la alimentación (aunque tarden más o pierdan por el camino la mitad del contenido de la cuchara), como antesala a la que adquirirá en otras áreas.
- A partir de los 3 años nos plantearemos retirar la trona e introduciremos la idea de la alimentación tal y como la concebimos los adultos: un primer plato de verduras o pasta, por ejemplo, y un segundo de carne o pescado más un postre.
- A los 4-5 años se vuelven selectivos con los alimentos. Ya comen con el resto de la familia sentados y con vajilla normal, aunque manejan la cuchara y el tenedor con cierta soltura, hay que ayudarles con el cuchillo.
- La lactancia y la adolescencia son las etapas en las que se necesita un mayor aporte proteico en la dieta. Si desde pequeños se les ha inculcado un correcto hábito de alimentación, llegados a la pubertad, disminuirá el riesgo de que aparezcan trastornos alimentarios.

Sueño

- El proceso para que el sueño de los niños se asemeje al que tenemos los adultos es gradual, poco a poco van disminuyendo las horas de sueño que necesitan (de 16-18 horas de sueño pasan a 8-9 horas).
- Los bebés se pasan el día durmiendo y comiendo. Durante los primeros meses han de adaptarse a su nueva vida fuera del útero. A partir de los 3 meses el sueño del bebé empieza a inclinarse ya hacia la noche y aprender las diferencias que hay entre dormir por la noche y hacerlo durante el día, cuando hay más ruidos y claridad. A partir de los 6 meses ya es momento para consolidar el hábito de dormir, sobre el que hay que insistir con el fin de evitar futuros problemas con el sueño, por ejemplo el insomnio.
- Otro gran hito, en el hábito del sueño en el niño, es el paso de la cuna a la cama. Podremos llevarlo a cabo cuando el niño se sienta incómodo en la cuna y/o pueda salir de la misma. Aunque depende del niño, un buen momento es aproximadamente a los 2 años.
- En cuanto a la siesta, generalmente en torno a los 4 años suele ser una buena edad para empezar a prescindir de ella, aunque es recomendable que después de comer haya un momento de tranquilidad o juegos relajados.

Higiene

- Hasta el año son los padres los que se encargan de mantener limpio y confortable al bebé. Todos estos rituales de higiene pueden ser muy placenteros para la familia. Podemos desarrollar juegos y estimular al bebé: nombrándole las partes del cuerpo y repitiendo la rutina (primero lavamos una pierna, luego otra, luego la barriguita...). De esta forma sentaremos las bases para el posterior desarrollo del hábito.
- Una vez cumplido el año, el niño ya empieza a ayudar en la tarea de vestirse levantando el brazo o la pierna, a los 2 años, más o menos, pueden desvestirse sin ayuda. Cuando el niño empiece la educación infantil, a los 3 años, es importante que ya tenga adquiridas las destrezas suficientes para desvestirse y vestirse. Cuando llegan a los 5 años la mayoría de los niños pueden vestirse solos, exceptuando los nudos de los zapatos.
- En cuanto al control de esfínteres, es un proceso gradual que empieza por el control durante el día y posteriormente durante la noche. A los 4, la mayoría de los niños habrán aprendido a controlarlos. Aun así, no es raro que de vez en cuando aparezcan accidentes.
- Con el fin de conseguir un hábito correcto en la limpieza de los dientes, los padres tendrán que apoyar el aprendizaje del cepillado hasta los 7 años. Los niños aprenderán a hacerlo imitando a los padres y/o hermanos.
- Aunque llegando a la adolescencia pasen períodos en los que se vuelvan algo reticentes a asearse, conseguiremos solucionarlos con éxito, si desde pequeños hemos trabajado el hábito de higiene.

Miedos y manías

Existen miedos por los que pasan casi todos los niños y que aparecen con la edad como parte de su desarrollo. Suelen desvanecerse poco a poco a medida que el niño va madurando.

Miedos habituales:

- 0-6 meses: a los ruidos fuertes, estímulos intensos y repentinos.
- 7-12 meses: a los objetos de aparición súbita, a las personas extrañas.
- 1 año: personas extrañas, a separarse de sus padres, heridas.
- 2 años: ruidos fuertes (aspiradora, sirenas, tormentas...), oscuridad, a separarse de sus padres.
- 3 años: a los animales, oscuridad, ruidos, máscaras y disfraces, a separarse de sus padres (se acrecienta).
- 4-5 años: a los animales, oscuridad, ruidos nocturnos, gente con aspecto inquietante, a separarse de sus padres.
- 6 años: brujas y fantasmas, a perderse, a dormir solo, oscuridad, tormentas, animales, muerte, a separarse de sus padres.
- 7-8 años: brujas, fantasmas, monstruos, sombras, sótanos, acontecimientos diarios que aparezcan en los medios de comunicación, lesiones corporales.
- 9-12 años: al fracaso escolar, al ridículo, lesiones corporales.
- 13-18 años: relaciones sociales, aspecto físico, muerte.

Muchos niños atraviesan por etapas en las que es frecuente que se dé alguna manía o mal hábito, la mayoría desaparecerán de forma espontánea. El papel que tienen que adoptar los padres frente a estas manías debe ser activo ayudando a su hijo a ponerles fin.

Hábito de estudio

- Haber creado hábitos anteriormente hará más fácil la adquisición de los nuevos, como el estudio. En los años de Educación Infantil, la tarea escolar es un recordatorio en casa del trabajo realizado en clase, pero ya constituye la base para la creación del hábito. Es el momento de empezar a establecer una rutina, un lugar fijo y un momento determinado, que puede ser después de la merienda.
- Con el inicio de la Educación Primaria empiezan las tareas diarias. A los 6 años, una media hora dedicada al estudio en casa puede ser suficiente; este tiempo irá aumentando hasta llegar a una hora a los 11 años.
- En Educación Secundaria el estudio en casa oscilará entre una hora y cuarto a los 12 años hasta llegar a dos horas a los 15.
- A partir de los 10 años, los niños van adquiriendo una capacidad creciente para funcionar sin supervisión adulta, tanto en el colegio como en casa.
- La atención y la memoria son capacidades fundamentales para el estudio. Su aparición sigue un desarrollo gradual, de tal forma que a los 2 años el niño es capaz de atender 7 minutos a una tarea. Este mecanismo se perfecciona en torno a los 10-11 años. Con la memoria ocurre lo mismo, a los 6 meses recuerda a las personas cercanas y las rutinas que se repiten día a día, sin embargo no será hasta los 7 años cuando aparezca la memoria necesaria para el estudio aunque, hasta la adolescencia, no logrará establecer conexiones entre distintas ideas.

La alimentación es el proceso por el cual se escogen, elaboran, transforman e ingieren los alimentos. La transformación que sufren los nutrientes tiene tres objetivos: producir energía, regular el metabolismo y posibilitar el crecimiento.

Una dieta equilibrada es aquella que aporta los nutrientes básicos diarios en el menú familiar.

A comer correctamente se aprende y, como cualquier rutina, requiere para su aprendizaje hacerlo en el mismo lugar, de la misma manera y a la misma hora.

Cuando se adquiere el hábito de la alimentación desde el nacimiento, evitamos que se convierta en una fuente de conflicto posterior. Todos sabemos que alimentarse es una necesidad fisiológica que el niño precisa para su desarrollo intelectual y motor.

Una alimentación equilibrada es necesaria para que se desarrollen capacidades cognitivas superiores como el lenguaje, el pensamiento, la atención y la memoria.

Si educamos para que adquieran esta rutina estaremos contribuyendo al dominio motor y a la coordinación del cuerpo, la boca y las manos en todas las complejas acciones que es necesario llevar a cabo para alimentarse.

Una forma de aprender un adecuado hábito de alimentación es viéndolo. Los padres son modelos a imitar y si en casa nos regimos por un horario y cuidamos el momento de las comidas, los niños harán lo mismo que nosotros. En la actualidad, aunque todos tenemos que comer, hay poco tiempo para disfrutar de la familia. Te proponemos recuperar esta rutina dándole la importancia que merece dentro del funcionamiento familiar, convirtiéndola en un rato donde aprendemos, nos comunicamos y nos alimentamos de forma saludable.

APRENDER A COMER

Comer adecuadamente requiere de la aplicación de un método. Cuando el niño es mayor de 6 meses, mastica, traga, va teniendo horarios similares a los de los adultos, y llega el momento de insistir para conseguir que asimile adecuadamente el hábito. Si lo hacemos desde el principio, el niño lo asimilará con la dificultad propia de un nuevo aprendizaje: tendrá hambre cuando llegue su hora, permanecerá sentado y cumplirá con sus tareas. Como nunca es tarde para empezar, podemos aplicarlo en cualquier ocasión estimulando su desarrollo y creando un momento para disfrutar de estar en familia. Es fundamental elaborar un plan que debe cumplirse rigurosamente —sobre todo al principio— hasta que el niño lo interiorice para, entonces, poder introducir excepciones sin que desaparezca el hábito aprendido.

Con esta rutina se busca la participación del niño, hacerle responsable y protagonista de las tareas. La motivación a estas edades también depende de cómo se digan las cosas. Nunca está de más hacer comentarios del tipo "eres tan mayor y me ayudas tanto...

Muchísimas gracias". Es conveniente premiar su colaboración "Como me has ayudado, y hemos acabado tan rápido podemos dedicar este rato a jugar juntos". De este modo, nos aseguramos que volverán a repetirlo en la próxima comida.

Hay que permitirles que ensayen con la cuchara, enseñarles a utilizar el vaso, a usar palabras como gracias y por favor, dejarles comer solos, decirles cómo se mete la vajilla en el lavaplatos, acompañarles a tirar los restos de comida a la basura, etcétera. Hay un sinfín de tareas que pueden ir asumiendo según van creciendo.

¿Y SI NO QUIERE?

Cada familia enfrenta la hora de comer de manera distinta y como consecuencia cada niño come de manera diferente. La idea de que "si mi hijo no come, enfermará y será culpa mía" está presente en muchos padres y los hijos suelen aprovechar esta circunstancia para obtener beneficios del tipo "si no me pones macarrones, no como"; "la paella solo la como en el cole"; "ceno, si me pones la peli" o simplemente "esto no me gusta y no voy a comer". Ante estas situaciones los padres, guiados por la culpa, son capaces de hacer tres menús distintos para una misma comida, pasar el

Aprendiendo a comer

Establece un horario y un lugar fijo para las comidas que habrá que respetar.

Anúnciale que se acerca la hora de comer para que deje lo que estaba haciendo con una frase del tipo "recoge los juguetes y vamos a comer".

Para que asocie que ha llegado el momento de comer, y dependiendo de la edad, colócalo en su silla y ponle su babero o acompáñale a que se lave las manos y pídele que ayude a poner la mesa.

Siéntate con él y sírvele la comida diciendo alguna frase que indique el inicio de la actividad como "ahora vamos a comer", "hoy vamos a comer puré", etc. Si lo crees necesario ayúdale con la primera cucharada.

Una vez terminado el plato retíralo, quítale el babero y dile "terminamos". No te olvides de pedirle que recoja contigo. Así entenderá que cuando termina una tarea es el momento de pasar a la siguiente.

No traigas juguetes a la mesa ni pongas el televisor durante las comidas, pero ocúpate de mantener una conversación distendida para que asocie el momento de comer con algo agradable.

puré por la batidora y luego por el chino para su exigente niño o incluso los hay abonados a pizzas, hamburguesas y demás porque "es lo único que come".

Curiosamente cuando pides a los padres que anoten en una libreta TODO lo que su hijo ingiere durante un par de días, dejan de pensar que "no come" para empezar a decir que "come mal".

Descubriremos cómo desmontar estas actitudes puesto que tienen que ver más con la atención que generan en los preocupados adultos, que con una improbable inanición del niño. Aun así consiguen, en no pocas ocasiones, mantener un mal hábito de alimentación.

Presentamos un método que, aplicado con constancia, se muestra eficaz en el 90% de los casos. Ahora bien, requiere de una actitud tranquila por parte de los padres cuya misión principalmente será dejar de tener como tema principal de sus conversaciones lo que el niño come o deja de comer.

Es normal que el primer día no consigamos nuestro objetivo por lo que solo le permitiremos tomar agua (toda la que quiera) hasta la comida siguiente. Recordaremos que está aprendiendo a hacer las cosas de otra manera y eso cuesta un tiempo.

Método de aplicación

1. Cumplir con un horario, hacerlo en el mismo sitio y asociarlo a una rutina sin permitir el picoteo entre horas.
2. Sentar al niño cuando la comida esté preparada, nunca antes. Los niños soportan mal las esperas, sobre todo si tienen hambre.
3. Ayudarle con la primera cucharada. En caso de rechazo, dejar el cubierto en el plato con mucha tranquilidad, esperar un par de minutos y volverlo a intentar.
4. Si persiste la negativa, retirar el plato sin hablar de la comida y esperar unos minutos haciendo otra cosa.

Repetir desde el paso dos, con tranquilidad y sin hablar de la comida permitiendo que se vaya si hay negativa. Repetiremos este proceso dos o tres veces más aumentando el tiempo del intervalo de presentación del plato en 5 minutos.

Ten en cuenta que no podrás aplicar ninguna de las estrategias que te presentamos a continuación si:

No has descartado con el pediatra cualquier indicio de que hay un problema fisiológico (alergias, intolerancias, bajadas bruscas de peso…).

Tu hijo tiene menos de 6 meses.

Existe trastorno alimentario o de salud.

Se dan circunstancias de estrés para el niño (cambio de cole, de casa, un hermano, una separación, etc.).

CASOS PRÁCTICOS

CASO 1

Los padres de Dani de 4 años se enfrentaban, en todas las comidas, al **"no quiero, no me gusta".** Después de intentar convencerle de todas las maneras posibles (hacer un menú especial, perdonarle un poco, ofrecerle varios platos, castigarle sin chuches), acababan dándole de comer o frente a la tele, corriendo detrás de él hasta su habitación o, incluso, aprovechando cualquier circunstancia en la que estaba sentado para ofrecerle alimento.

Lo cierto es que cada vez que llegaba la hora de comer se echaban a temblar, así que decidieron dejarle vía libre a la nevera para asegurarse de que por lo menos algo comía... Se mostraban preocupadísimos y continuamente le ofrecían comida, aunque Dani nunca tenía hambre. Se decidió:

1° Comer a las 13.30, así que a las 13.20 se avisaba a Dani de que se lavara las manos y colaborara poniendo su vajilla-menaje en la mesa de la cocina.

2° La comida sería la misma para todos y en el rato que durara se hablaría de las cosas que más nos habían gustado del día.

3° La primera cucharada se la acercaba papá a la boca sin insistir y evitando frases del tipo "anda hijo, esta por mamá, come por favor...", pasado un tiempo prudencial se retiraba el primer plato y se pasaba al segundo repitiendo la ayuda de papá.

4° Terminada la comida, Dani colaboraba con la recogida de sus utensilios de la mesa y se iba a hacer otra actividad.

Los primeros días fueron un esfuerzo tremendo para los padres, pero consiguieron mantenerse tranquilos, retirar de su alcance todo lo que hubiera de picar en la cocina y no hablar de lo que Dani comía o no. Poco a poco, a medida que se cumplieron rutinas y horarios, Dani comenzó a comer solo usando los cubiertos. Incluso al acercarse la hora de comer mencionaba el hambre, recibiendo la felicitación correspondiente de sus padres.

CASO 2

El caso de Laura, 5 años, se resolvió de manera similar al de Dani. Sus comidas **podían durar más de 1 hora** con

las consiguientes retahílas "date prisa, ¡come ya!".

1° Tras colaborar poniendo la mesa, se sentaba y sus padres le colocaban una alarma de reloj que disminuía en 5 minutos el tiempo que normalmente tardaba en comer.

2° Todos se servían la comida al mismo tiempo y al terminar seguían con el segundo plato sin hacer alusión a lo que Laura tardaba.

3° Una vez sonaba la alarma se retiraba con tranquilidad la comida de Laura que protestaba "dame dos minutos más y me lo como"; "si me haces salchichas, no tardo nada". Pero la única respuesta era "el tiempo de la comida ha terminado".

4° Cada vez que Laura conseguía comer en el tiempo marcado, podía elegir un postre. Tras tres días consecutivos de logros, se reducía el tiempo total de la comida en 5 minutos, consiguiendo que Laura lograra finalizar su comida en los 40 minutos habituales.

CASO 3

También hay niños que tienen por norma **no probar alimentos nuevos**. A veces existe algo de miedo a lo desconocido y tendremos que ayudarles. Una buena forma es presentar estos alimentos de forma atractiva: un sándwich puede ser una cara si le añadimos dos aceitunas y un poco de zanahoria como boca, el guiso de patatas y carne se puede convertir en un castillo a conquistar si lo trituramos con el tenedor... Nuestro hijo puede ser el chef del restaurante que montemos en casa. Todas estas pautas se incluyeron en el plan de trabajo que se hizo para Héctor.

1° Se estableció un listado de "cosas que me gustan, cosas que no y cosas que no he probado". Excluiremos del menú, con un límite de 3-4 cosas, lo que no le gusta nada.

2° Hicieron un menú diario con Héctor de forma que siempre había algún alimento de los que le gustaba menos o no había probado. Si Héctor tomaba al menos tres cucharadas, en el postre o la merienda, se le recompensaba con aquellos que le encantaban.

La lista requería una revisión semanal, en la que Héctor fue aumentando los alimentos que le gustaban y resistiéndose cada vez menos a probar los nuevos, aunque, como hacemos todos, mantuvo los tres que no le gustaban nada.

CASO 4

Ana, de 3 años, **se niega a comer nada que no sea puré.** Esto significa que no puede asistir al comedor del cole, no puede ir de campamento o excursión y las salidas familiares son impensables si no es con una batidora. Su alimentación es equilibrada puesto que todo lo que necesita se lo dan triturado, pero su actitud cada vez le incapacita más para llevar a cabo distintas actividades. Desde luego sus padres están permanentemente pendientes de que coma y han intentado todo lo posible para que mastique, ni siquiera las chucherías le parecen atractivas.

Se estableció el siguiente plan de trabajo:

1ª semana: se incorporó a la mesa con el resto de la familia, se le responsabilizó de poner su mesa (incluidos tenedor y cuchillo, aunque no los usara) y simplemente se mantuvo una charla cordial donde el único tema a evitar fue si masticaba o no.

2ª semana: se le presentó el puré aumentado de textura (cada tres días se aumentaba un poco más) y Ana, aunque a regañadientes, aceptó tomarlo.

3ª semana: la presentación de los grumos produjo un rechazo total el primer día, así que sus padres muy tranquilamente retiraron el plato notificándole que "esa era la comida que había", y esperando pacientemente a la siguiente sin permitir que los lloros, arcadas y promesas de "si me lo pasas un poco, me lo como todo" quebrantaran su firmeza.

4ª semana: Ana comenzó a tomar no solo los grumos, sino que aceptó las migas en el puré. Cada uno de estos logros fue premiado y festejado por sus padres.

Recuerda:

Una alimentación sana es fundamental para un buen desarrollo físico y psicológico.

A través de la alimentación el niño crea hábitos y rutinas que fomentan su autonomía siempre y cuando le permitamos hacer las cosas solo. Los adultos con buen hábito de alimentación, en general, lo adquirieron en la infancia.

Aprendiendo a resolver los conflictos con la alimentación lo hace también en otros aspectos. Si come de cualquier manera y cuando quiere, hará lo mismo con el baño o con el estudio.

Los niños, igual que los adultos, pueden no tener siempre el mismo apetito sin que esto sea motivo de alarma.

Masticar y tragar sólidos influye en la evolución del habla.

Es importante que los niños tengan sensación de apetito al llegar la hora de comer. No picar entre horas lo favorece.

Los buenos hábitos en la mesa previenen trastornos de alimentación como la obesidad o la anorexia.

Actitud de los padres

Debes ser consistente y firme. Has decidido aplicar un método y debes dejar que pase un tiempo para poder evaluar los resultados.

Hay que mostrar tranquilidad y cuidar el tono de voz. Si mantienes la calma, tu hijo aprenderá cómo afrontar los conflictos. Cuando creas que vas a estallar, retírate y ocúpate en alguna tarea que te distraiga de lo que hace el niño.

Si atiendes los comportamientos positivos de tu hijo y los refuerzas, probablemente los repita. Cuando coja la cuchara solo y se la lleve a la boca hay que felicitarle y alabar su comportamiento. Sin duda volverá a querer llamar tu atención repitiendo esa conducta.

Si no atiendes los comportamientos negativos de tu hijo probablemente renuncie a ellos. Por el contrario, si tu crispación aumenta cuando tarda en comer y le gritas "¡mastica de una vez!", por muy contradictorio que parezca lo asociará a que así le prestas atención y lo repetirá. Habrás conseguido que asocie la comida a una actividad desagradable para la que no tiene ninguna motivación.

SUEÑO

El sueño es un estado fisiológico activo y rítmico que aparece cada 24 horas y se alterna con el otro estado de conciencia básico, la vigilia. Es activo porque, a pesar de la disminución de la temperatura corporal, la presión sanguínea y el ritmo cardíaco, el cerebro sigue trabajando en lo que se llama actividad onírica.

Tiene como principal función el merecido y necesario descanso que nos recupera para afrontar el día con energías renovadas. Cuando no se duerme bien, o menos de lo habitual, aumentan la tensión y la irritabilidad, mientras que disminuye la capacidad de atención y concentración. Si el período de falta de sueño se prolonga, acabará afectando a nuestra memoria y añadirá una disminución de las defensas de nuestro organismo que nos hará más propensos a coger enfermedades.

En las horas de sueño de los niños aumenta la producción de la hormona del crecimiento, provocando que duerman más horas y contribuyendo a su maduración neurológica. La falta de sueño dificulta la asimilación de nuevos aprendizajes y de su recuerdo. Por todo esto, sin el descanso necesario no estará en condiciones óptimas para un correcto rendimiento escolar presentando con más frecuencia comportamientos inadecuados (no atiende órdenes, enseguida llora, está irritable, tiene mal carácter, muestra dependencia de los adultos).

Todas estas son razones más que suficientes para entender la importancia de tener un adecuado hábito de sueño pero, además, son muchos los adultos que, al no adquirirlo en la infancia, tienen problemas como el insomnio o la dificultad de conciliar el sueño.

Si eres de los que lleva sin dormir desde que tienes hijos, entenderás rápidamente el concepto de *insomnio familiar* que aplicamos a aquellas familias en las que acostarse y descansar se convierte en un quebradero de cabeza que trae consecuencias como que:

En casa prima un clima de crispación provocado por el cansancio generalizado asociado a la falta de paciencia, por lo que gritos y cachetes se convierten en la forma más utilizada para enfrentar situaciones cotidianas. Se disminuyen las actividades en familia simplemente porque el cansancio no lo permite o porque aprovechamos cualquier momento para dormir.

En la pareja, las relaciones sexuales se reducen al mínimo, así como las salidas con amigos. En muchos casos afecta al rendimiento laboral.

Dormir adecuadamente es algo que se aprende repitiéndolo en el mismo lugar, de la misma manera y a la misma hora. Intentaremos enseñar a nuestros hijos a saber conciliar el sueño sin despertarse durante la noche y sin pesadillas recurrentes para sentirse descansados por la mañana.

APRENDIENDO A DORMIR

El sueño, como casi todo en educación, es como una carrera de obstáculos. Superado el primero, viene el siguiente. No podemos olvidar que al final, en la meta, está la recompensa de saber que hemos conseguido que nuestro hijo, pero también nosotros, gocemos de un sueño reparador durante toda la noche.

HASTA LOS 3 MESES: aprender a diferenciar la noche del día

No duerme más de 4 horas seguidas porque el hambre le despierta y entonces protesta. No está capacitado para seguir un patrón de sueño. Ahora bien, algunos aspectos cotidianos pueden servirnos para dar inicio a distintas rutinas que le ayuden a dormir.

Una vez está alimentado, ha expulsado los gases y se le ha cambiado de pañal, estará tranquilo. En el momento de tumbarle en la cuna, comprobarás lo poco que tarda en conciliar el sueño a pesar de estar despierto. Quienes siguen esta pauta desde el principio se ahorran un gran número de dificultades posteriores.

Cuando está acostado muchas veces protesta, deja que pase, evita mecerle para que no asocie conciliar el sueño con los brazos del adulto y los pida cuando se despierte. Lo más probable es que al poco tiempo se haya dormido.

Si persiste la queja, podemos, sin sacarlo de la cuna, acariciarle la tripa o espalda hasta que se tranquilice. En estos casos también es útil utilizar juguetes móviles que le ayuden a serenarse y conciliar el sueño. Eso sí, antes de que empiece el llanto desconsolado, cógelo y averigua qué le ocurre para poder resolverlo (hambre, cambio de pañales, calor/frío, ganas de jugar, gases o dolor) y quédate con él hasta que le pongas remedio.

Una vez tenga su juguete y vuelva a estar tranquilo, retoma las pautas anteriores y abandona la estancia. Actuando así, consigues que se duerma por sí mismo. De lo contrario, asociaría conciliar el sueño con mecerlo, los brazos de papá o la presencia de mamá y no podría dormirse sin que estos elementos estuvieran presentes.

DE LOS 3 A LOS 6 MESES: conciliar el sueño solo

Bañarse, comer, un rato de actividad relajada y acostarse es el esquema que, haciéndolo todos los días, le facilita tener un placentero sueño. En su cuna, con su juguete preferido y a la misma hora, en torno a las 20.30, será lo que le haga dormir con tranquilidad. Si ya lo hacía antes, vivirá relajado el momento de acostarse él solo.

Ya saben que su comportamiento provoca reacciones en los adultos, así que empiezan a desplegar todo su repertorio (gemidos, brazos pidiendo que lo cojas, etc.). Conviene no sucumbir a sus demandas, para evitar que generalice esta conducta a cualquier cosa que quiera conseguir. "Es la hora de acostarse, buenas noches" se puede convertir en la señal para que el niño vuelva a dormirse.

A PARTIR DE LOS 7 MESES: descansar de un tirón

Llegados a este punto, la tarea de los padres será mantener las pautas establecidas con constancia y firmeza, porque tener adquirido un buen hábito de sueño no nos exime de etapas en las que este se verá alterado.

En torno a los 9 meses está más activo, quiere quedarse despierto y es bueno introducir una actividad relajada antes de acostarlo. El cuento puede ser una gran solución. No alarguemos este momento más allá de los 15 minutos.

Llegado el año y medio gatea, repta, se pone de pie y lleva a cabo un sinfín de actividades físicas que afectan a su sueño. El cansancio que le provocan altera, a veces, la hora de la siesta. Si se queda dormido antes de comer, estará más irascible el resto de la tarde.

Cerca de los 2 años, cuando observamos que no se mueve tanto en la cuna y el tamaño le hace estar incómodo, tendremos que plantearnos el traslado a la cama, por supuesto con las vallas laterales de seguridad correspondientes que eviten que una caída provoque miedo al niño y se niegue al cambio. Buscar su implicación en la nueva tarea nos ayudará, "necesitamos que nos ayudes a desmontar tu cuna y guardarla, podemos ir a elegir las sábanas de mayor que te gusten y después haremos tu cama". Al dia siguiente no nos olvidaremos de las felicitaciones por su logro. "Qué valiente eres, has conseguido dormir en una cama grande".

¿Y SI NO SE DUERME?

(Dos métodos para enseñar a dormir al niño)

Primera propuesta

Basándonos en el método del doctor Estivill y nunca antes de los 6 meses, tendrás que:

1. Establecer un sitio, una hora y una rutina. En su cuna/cama, a las 20.30 después de una actividad relajada.
2. Elegir sus cosas para dormir: el chupete, un peluche, una mantita, una funda de almohada...
3. Colocar al niño en la cama con sus cosas para dormir.
4. Despedirse en un tono tranquilo diciendo una frase clave del tipo "papá y mamá te están enseñando a dormir. Buenas noches, que duermas bien".
5. Salir de la habitación pase lo que pase.
6. Si llora o arroja objetos hay que esperar el intervalo de tiempo descrito en el cuadro adjunto y, al regresar a la habitación del niño, recoger lo que haya tirado, colocarlo en su cama y repetirle la frase clave elegida antes de salir de la estancia.
7. Cada noche, uno de los padres, y solo ese, será el encargado de entrar en la habitación repetir el paso 4 e irse, respetando los siguientes intervalos de tiempo:

DÍA	1ER INTERVALO	2º INTERVALO	3º Y EN ADELANTE
1	1 minuto	3 minutos	5 minutos
2	3 minutos	5 minutos	7 minutos
3	5 minutos	7 minutos	9 minutos
4	7 minutos	9 minutos	11 minutos
5	9 minutos	11 minutos	13 minutos
6	11 minutos	13 minutos	15 minutos
7 Y EN ADELANTE	13 minutos	15 minutos	17 minutos

8. Al entrar en la habitación el llanto y las llamadas de atención del niño subirán de tono, pero esto no debe ser un impedimento para seguir adelante. Si no se respetan los intervalos, el niño se sentirá abandonado y no se puede permitir que eso ocurra. Pero si se sigue la pauta, en poco tiempo disminuirán tanto la intensidad como la duración del llanto.
9. En los días sucesivos, cada vez que el niño se despierte, se debe repetir el proceso desde el paso 6.

El llanto es sin duda la mayor complicación que tendrán los padres al aplicar este método, también podrán encontrarse con arcadas, o que pidan insistentemente agua, pis o llamadas para que le cojan. Cuando oímos el llanto de un niño lo que a todos se nos pasa por la cabeza es "qué angustia, este método no funciona, me rindo, voy a cogerlo en brazos". Por eso, es imprescindible estar convencido de que quieres aplicar este método. Si intentamos ponerlo en práctica y a mitad del proceso abandonamos, el niño solo aprenderá que, si protesta enérgicamente, puede conseguir dormir como quiera y cuando volvamos a intentarlo, intensificará su comportamiento.

La misma metodología habrá que aplicar en **las siestas** teniendo en cuenta que:

- No prolongaremos en exceso este rato para evitar que se nos complique la noche.
- Pasado un tiempo prudencial podemos dejar que entre la luz, hacer algo de ruido e incluso susurrar al niño que es hora de levantarse.
- Démosle al menos 15 minutos para que recupere su ritmo y vitalidad. Hagamos intervalos entrando a acariciarle la espalda y a susurrarle que se despierte, pero siempre con suavidad ¡nadie se levanta de buen talante con gritos y ruidos estridentes!

Segunda propuesta

Se trata de ir introduciendo paulatinamente comportamientos encaminados a lograr que el niño duerma solo y de recompensar cualquier conducta que se aproxime al objetivo.

Cada niño aprende a dormir de forma diferente. En un extremo están los que se acuestan solos en su cama y duermen de un tirón, y en el otro los que se acuestan con sus padres y hacen que todos duerman poco y mal.

Empieza localizando en esta escala los logros alcanzados hasta ahora y desde ahí aplica este método tal y como te lo contamos en el caso práctico. Va del grado al menos más deseable:

- Después de hacer una actividad tranquila, el niño se acuesta, concilia el sueño solo y duerme sin interrupciones toda la noche. Tiene adquirido el hábito del sueño.
- Ha logrado todo lo anterior, pero se despierta más de dos veces por noche sin que haya una razón médica que lo explique.
- El padre o la madre se quedan con él hasta que concilia el sueño, pero duerme en su cama.
- El padre o la madre se quedan con él hasta que concilia el sueño en su cama. Sin embargo, se despierta varias veces por la noche sin que medie razón física, teniendo que volver a quedarse con él en la habitación y darle la mano hasta que se duerme de nuevo.

- El padre o la madre se quedan con él hasta que se duerme y, como se despierta, va a la cama de los padres y amanece allí.
- Alarga la hora de acostarse, se pone nervioso y acaba agotado. Entonces se duerme en cualquier otro lugar de la casa, hasta que los padres lo trasladan a su cama.
- Duerme con los padres sin interrupciones.
- Duerme con los padres y se despierta varias veces a lo largo de la noche.
- Duerme con los padres y estos se acuestan a la misma hora.
- Duerme con los padres, que se van a la cama a la misma hora, pero se levanta varias veces por la noche.
- Duerme con uno de los padres. El otro es desplazado a otra cama.
- Duerme con los padres, estos se acuestan a la misma hora y uno de ellos es desplazado a otra cama. El niño se despierta varias veces a lo largo de la noche.

CASO PRÁCTICO

Conocimos el caso de Esther, de 6 años, María, de 4 y Juan, de 2, cuando sus padres vinieron desesperados. Todo eran gritos y discusiones en casa, el tono con el que lo contaban era la mejor prueba de ello. Desde que nació María no habían vuelto a dormir una noche del tirón. La hora de acostarse se desarrollaba de la siguiente manera:

Tras la cena, sus hijos se movían por la casa, alguno viendo la televisión, otro jugando en alguna habitación, en la cama de papá y mamá disfrazándose, mientras sus padres esperaban a que cayeran en un sueño profundo.

Entonces, llegaba la segunda fase de esta curiosa rutina. Cada niño era transportado a la cama más cercana. Si uno se dormía en el salón, tras permanecer parte de la noche en el sofá, pasaba a alguna cama; si el sueño llegaba en

alguna habitación, esa era la cama para pasar la noche y si alguno caía en la de papá y mamá, allí quedaba. La hora de acostarse la marcaba la resistencia de los niños ese día y sus padres dormían donde quedara hueco. Para enfrentar la situación se planificó:

1. Se asignó a cada niño una cama. El mensaje fue "sois mayores y podéis aprender a dormir solos, para eso papá y mamá os van a ayudar". Esa tarde se trasladaron los juegos a sus habitaciones y consistieron en:
   - Poner un cartel con el nombre de cada uno en la que iba a ser su cama.
   - Dar de cenar, poner el pijama, leerles un cuento y acostar a los muñecos.
2. Se marcó las 19.30 como la hora para avisar a los niños para iniciar la rutina de dormir. Esther, María y Juan prepararon sus pijamas, se desvistieron y se bañaron con mamá que se esmeró en que fuera un momento de juego y disfrute para los cuatro. Mientras, papá preparó la cena para todos.
3. Una vez recogieron su ropa y se pusieron el pijama, se sentaron a cenar a las 20.00, no sin antes haber colaborado a poner la mesa. Quedaron en que solo se hablaría de lo más divertido que nos había ocurrido ese día y que la cena no duraría más de 30 minutos. Una vez transcurridos, se les anunciaría "ha terminado el tiempo de la cena" y tras recoger la mesa leerían un cuento. Antes, beberían agua e irían al baño, para evitar que fuese una excusa una vez acostados.

4. A las 20.30, con el muñeco elegido para dormir, tendrían que estar en su cama y tumbados —condición indispensable para leer el cuento— entonces, papá iniciaría la lectura (que no duraría más de 15 minutos).
5. Papá permanecería sentado en la habitación de Esther y María, mientras mamá lo haría en la de Juan hasta que se durmieran.
6. Si Esther, María o Juan permanecían en su cama, al día siguiente recibirían un sobre de sus cromos preferidos. Si lo conseguían los tres, todos irían de excursión el sábado.
7. Papá y mamá tendrían que volver a llevar a su cama a cualquiera de los niños que se levantara indicándole "es la hora de dormir, mañana hablamos" antes de salir de la habitación.

   La primera noche la casa parecía una verbena, "mamá tráeme agua, papá quiero pis, llévame a tu cama..." querían volver a lo de antes. Pero se mantuvieron firmes en su decisión y siguieron las pautas al pie de la letra. María fue la única que permaneció en su habitación, así que obtuvo su recompensa.

   Al día siguiente la rutina se llevó a cabo sin problemas y, llegada la hora del cuento, hubo alguna resistencia aunque pudieron más las ganas de obtener el premio. Pasados unos días más, los tres habían asimilado la nueva organización, todos habían salido de excursión y llegaban a la cama con sueño. Entonces fue el momento de anunciar que papá y mamá leerían el cuento desde fuera de las habitaciones. Hubo cierta resistencia, pero los nuevos hábitos y tareas ayudaron a que se conciliara el sueño en menos tiempo.
8. El paso final se daría cuando Esther, María y Juan no necesitaran premios para dirigirse a su cama a dormir, unos 15 días después del inicio de la intervención. Papá leyó un cuento y simplemente se retiró.

   Las consecuencias al esfuerzo hecho no tardaron en llegar, los niños estaban de mejor humor, papá y mamá pensaban en hacer un viaje familiar y sentían que fluía mucho más la comunicación entre ellos, de hecho, tenían una cita para cenar con amigos porque ¡podían dejar a sus hijos con una canguro!

LAS PESADILLAS

En torno al 25% de los niños las sufren cuando llegan a los 3-6 años. Esther y María no fueron una excepción. Como en la mayoría de los casos unas semanas fueron suficientes para que desaparecieran. Ellos ya habían conseguido que sus hijos se fueran a dormir a su hora, evitando que lo hicieran cansados en exceso, factor que favorece muchas de las pesadillas y terrores nocturnos.

1. Buscaron qué podía motivarlas: analizaron si se trataba del colegio, de los amigos o de alguna situación vivida que les preocupaba. En su caso, el motivo pareció ser un relato de miedo contado por un compañero.
2. Una mañana les contaron la misma historia, pero con un final muy distinto, donde ellas conseguían convertir al malo en una persona amable. Lo dibujaron y lo colgaron en la nevera.
3. Hicieron todo lo posible para que se acostaran tranquilas y sin temores. Por la noche, utilizaron cuentos de cosas divertidas y temáticas completamente distintas a las del relato. Cuando alguna se despertaba con pesadillas, acudían a tranquilizarla para salir después de la habitación, permitiendo que volviera a dormirse sola.

Cuando llegan a los 8-12 años vigilaremos especialmente el cumplimientos de las 9-10 horas necesarias para un descanso adecuado, especialmente los días de colegio. Muchos padres con niños de estas edades, y especialmente en la adolescencia, rehúyen el conflicto evitando poner normas como la hora de acostarse, sin tener en cuenta consecuencias como: problemas de hiperactividad e impulsividad, retrasos en el rendimiento académico o en su desarrollo. Si eres de los que está en este grupo, te adelantamos que los hijos siguen necesitando límites aun cuando protesten enérgicamente a la hora de cumplirlos. Es más, muchos niños con comportamientos agresivos que correlacionan con fracaso escolar ven infinitamente mejorado su comportamiento cuando se establece un horario con las rutinas propias del buen descanso.

A los adolescentes les cuesta más conciliar el sueño y levantarse temprano, no porque sean unos vagos, sino porque su reloj biológico está preparado para hacerlo tarde. Muchos, cuando llega el fin de semana, duermen como si tuvieran necesidad de reponer el sueño perdido. Para aquellos padres que piensan "ya es mayor" o simplemente no saben cómo abordar el tema, empezaremos explicando que para entenderlos es necesario negociar el cumplimiento de hábitos y horarios que les faciliten un descanso reponedor.

1. Empieza dándole esta información y adopta una actitud conciliadora "sé que ahora te cuesta dormirte y madrugar, vamos a establecer un plan que te ayude".
2. Revisa si sus hábitos de vida son saludables: si hace ejercicio físico, si toma productos estimulantes, si duerme a deshora, si algo le preocupa.
3. Haz un contrato con él (encontrarás cómo hacerlo en la página 90) que contemple pautas como:
   - Acostarme a las 21.30 de domingo a jueves, a excepción del día de mi programa favorito.
   - Elegir un programa semanal de televisión en horario de noche, solo ese día podrá alargar el horario. Mejor si es al final de la semana.
   - Utilizar videojuegos en horario de tarde, "tras hacer las tareas escolares y antes de la ducha", nunca antes de acostarse.
   - Cumplir con una actividad deportiva semanal "no faltar al entrenamiento de los martes".

Si cumple, podremos establecer premios del tipo "quedar hasta más tarde los fines de semana con los amigos, ampliar el horario de videojuegos los días festivos o realizar cualquier actividad que le resulte atractiva."

A veces, la ansiedad que genera querer dormirse y no poder hacerlo durante un período largo de tiempo provoca estrés y se convierte en una dinámica que cada vez se complica más "Quiero dormirme y estar descansado, horror, no puedo, mañana voy a estar rendido, esto es terrible...". Es fácil entenderlo si recordamos cualquier situación en la que hayamos dado vueltas en la cama sin poder quitarnos de la cabeza lo que nos preocupa. La diferencia está en que si se prolonga en el tiempo, aparecerá el insomnio, dificultad para conciliar el sueño o para permanecer dormidos, cuya causa principal es el estrés.

En cualquier caso en el que **persista el cansancio excesivo** hay que consultar a un especialista ya que puede ser causado por diversos problemas de salud, no solamente por las dificultades con el sueño.

Recuerda:

Hay que aprender a dormir mediante la instauración de un hábito adecuado. Pensar que con el tiempo todos acabamos durmiendo es un error que puede dificultar el descanso.

La Asociación Americana de Pediatría recomienda que los niños en la cultura occidental duerman solos antes de los 6 meses.

Cualquier situación que provoque ansiedad en el niño puede repercutir en la conciliación del sueño y el descanso. Presta atención a qué le ocurre, con su comportamiento nos dice que algo le está preocupando.

Si el niño se va a la cama tranquilamente, concilia el sueño y no se despierta durante la noche, habrá adquirido un adecuado hábito de sueño en el momento que evolutivamente le corresponde, disminuyendo la probabilidad de sufrir alteraciones del descanso.

Nadie puede dormir por tu hijo, si resuelve esta situación sin ayuda, se sentirá capaz de enfrentar otras muchas como conflictos con los iguales o separarse de mamá.

La consecuencia de que el niño descanse y permita que lo hagan sus padres provocará un aumento de los momentos de disfrute familiar.

Aprender a dormir solo le hace superar pequeñas frustraciones, conseguir logros y responsabilizarse de tareas que incrementan su autonomía y autoestima.

Actitud de los padres

Hay que estar convencido de qué es lo que hay que hacer y transmitir esa seguridad al niño, teniendo en cuenta que durante los primeros años recurrirán a llantos, ruegos, promesas, etc., para poder evitarlo.

Elegir un método y cumplirlo escrupulosamente hasta conseguir el objetivo. Repetir la rutina de dormir todos los días sin permitir que el cansancio o las ganas de abandonar nos venzan.

HIGIENE

La higiene, como el resto de los hábitos, no aparece de repente, sino que necesita de la puesta en marcha coordinada y diaria de un conjunto de conductas dirigidas a sentirse bien física y psíquicamente. La mejor forma de aprenderlo es asociándolo a rutinas como el baño, lavarse los dientes después de comer o aprender a hacer pis en el váter.

Abarca el aseo, la limpieza y el cuidado del cuerpo, supervisado por los padres al menos hasta los 12 años, cuando previsiblemente el niño será capaz de responsabilizarse y llevarlo a cabo solo. Pero hay que saber que para llegar a decir "me siento como nuevo" tras un baño o ducha, esta sensación tiene que fomentarse desde la más tierna infancia y, desde luego, nadie mejor que los padres para hacerlo y dar ejemplo.

Higiene y salud están estrechamente relacionadas. A todos nos llama la atención que alguien, tras ir al lavabo, no se lave las manos, que tenga una dentadura amarillenta o que huela a sudor porque estar limpio también facilita las relaciones sociales. Todos evitamos al adulto que huele mal o tiene el pelo sucio.

LA HIGIENE FAVORECE LA SALUD Y LAS RELACIONES SOCIALES

La falta de higiene en edades escolares suele ser un criterio de discriminación del grupo (un niño mal vestido, mal peinado o con aspecto sucio provoca rechazo entre sus compañeros), además de ser un potencial transmisor de virus y enfermedades.

Para tener éxito en la implantación de los hábitos de higiene **es importante asociar estas actividades a un lugar,**

el cuarto de baño, **y a un momento**, por la mañana o por la noche. Intentamos asociar este hábito a un momento agradable, resaltando lo que nos gusta. "Me encanta lo bien que hueles recién duchado".

La repetición diaria de estos comportamientos generará la rutina. Los padres tendremos que intentar que poco a poco vayan haciendo solos las cosas para favorecer su autonomía. El primer paso es darle a las actividades de higiene la importancia que merecen dentro de la organización familiar. A medida que el desarrollo físico del niño lo permita, y con la ayuda de sus padres, el niño empezará a controlar los esfínteres (pipí y caca) hasta lograr que su acto reflejo se convierta en una función voluntaria. Esta capacidad se adquiere entre los 2 y 3 años. Si con 5 años no ha aprendido a controlarlos, conviene buscar ayuda profesional.

APRENDIENDO A SER LIMPIOS

Cuando son bebés el cambio de pañal y el baño son las rutinas relacionadas con el desarrollo de un correcto hábito de higiene y, por supuesto, dependen absolutamente de que el adulto lo lleve a cabo.

Es importante establecer un rincón fijo de aseo donde estén el cambiador, los pañales, el peine, la crema o la colonia, para que asocie la rutina del aseo a un lugar y nos permita no dejarlo ni un minuto solo para tener que ir a buscar las cosas que necesitemos durante las 4-6 veces al día que necesitará un nuevo pañal.

El objetivo principal del baño es que el niño lo asocie a un momento gratificante. Por eso, es importante jugar con él, cantarle algo o simplemente acariciarlo.

Otras actividades que no se hacen todos los días como cortar las uñas, limpiar los oídos o dar crema conviene realizarlas también en el rincón de aseo.

A partir de los 6-12 meses	Con 1 año	A partir del año
Hazle un hueco a sus juguetes, ponlos en una bolsa y déjalos cerca de la bañera. De este modo, podrás alargar el tiempo del baño, permitirle que experimente y disfrute la sensación. Si usas adaptadores para el agua, facilitará tu tarea.	Introduce una esponja entre sus juguetes y anímale a que la use mientras le nombras las partes del cuerpo. No esperes que consiga enjabonarse solo, tendrás que repasarle tú. Como pauta general si le bañamos antes de cenar lo asociará a la hora de dormir.	El objetivo es que vaya adquiriendo las destrezas necesarias para que cada vez consiga hacer más cosas solo.

Recuerda que no se les puede dejar solos ni un segundo.

Los momentos perfectos para asociar las dos grandes rutinas de la higiene son la primera hora de la mañana para vestirse, lavarse la cara y las manos, cepillarse los dientes y peinarse antes de salir de casa, y la última hora de la tarde para preparar la ropa del día siguiente, desvestirse, bañarse, ponerse el pijama, cepillarse los dientes y hacer pis antes de acostarse. Aunque también tendremos que pautar cuándo y cómo lavarse las manos durante el día, "antes de comer, tras ir al baño y siempre que se ensucien". No os preocupéis si tenéis que recordárselo hasta la saciedad, llegará un momento en el que ellos solos lo harán porque habréis conseguido que le guste estar limpio.

EL BAÑO

Si desde bebés hemos asociado este momento al juego, la relajación y a la preparación previa a irse a la cama, bastará con que les avisemos con un poco de tiempo que se acerca el momento del baño para que acaben lo que están haciendo y empiecen a preparar el pijama. No hay que olvidar que tendremos que acompañarles para que inicien la rutina.

El momento del baño permite aprender de forma lúdica destrezas importantes para el desarrollo del niño: el lenguaje, si le nombramos las partes del cuerpo; la utilización de juguetes, experimentando con el trasvase de agua de un sitio a otro; enjabonarse o lavarse el pelo necesita de coordinación motriz, todas ellas aumentan la autonomía de nuestro hijo. Tanto para enjabonarse como para secarse, un buen criterio será ir de los pies a la cabeza. Al principio nos convertiremos en la guía que marca ordenadamente por dónde empezar y terminar sin que quede ninguna parte del cuerpo sin lavar. Una buena solución es una canción que contenga las partes del cuerpo.

Tras un rato de juego llevará a cabo alguna responsabilidad que le asignaremos en función de sus capacidades y que señalará el final de la rutina, "lleva la ropa sucia al cesto, recoge los juguetes y quita el tapón, pon la toalla en su sitio, etc." No olvides contarle lo bien que lo ha hecho, lo mayor que se está haciendo y lo que nos gusta lo bien que huele.

EL CONTROL DE ESFÍNTERES

Es el tercer gran aprendizaje que hace el niño en los tres primeros años, junto con dormir bien y comer adecuadamente. Para ello tiene que estar preparado. Adelantarle el aprendizaje o dejar pasar el momento óptimo para hacerlo traerá dificultades.

El primer paso es abandonar actitudes de angustia y miedo. Hay niños que andan o hablan antes y los hay que tardan más o menos en controlar esfínteres. Piensa que todos lo hacen antes o después, lo principal es detectar cuándo es el momento para empezar. Si tu hijo va a la escuela infantil, podrás preguntar cuándo empezar. El criterio de estos profesionales es muy válido y coordinar con ellos la actuación, aumenta las posibilidades de éxito.

No está de más que observes determinados comportamientos que anuncian que podemos empezar:

No le gusta estar sucio y busca al adulto para que lo cambie o le ponga a hacer pis o caca.

Se retira o hace una parada en la actividad que está realizando para hacer caca.

Tiene equilibrio para permanecer sentado en el orinal, es capaz de estar un rato sentado atendiendo a una tarea.

Las deposiciones se reducen a dos por día y el pañal permanece seco durante horas.

Entiende y cumple órdenes sencillas como "trae tu muñeco, lleva la ropa a tu habitación, recoge tus juguetes".

Se baja el pantalón sin ayuda (procura que sea elástico en la cintura) y pide hacer cosas el solo "no, yo solito".

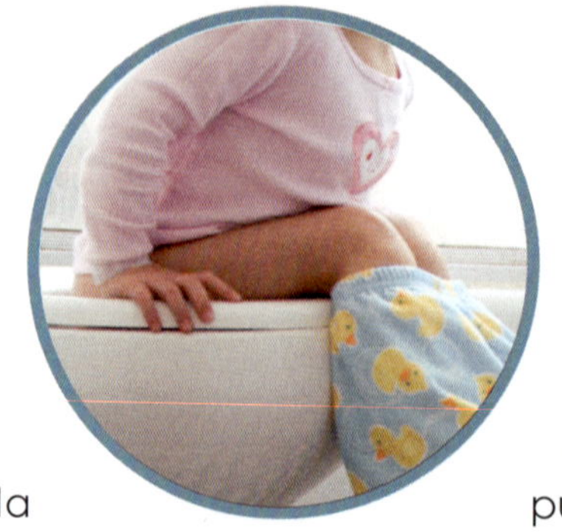

Hasta que tu hijo no cumpla con estos requisitos no te plantees empezar, ten paciencia porque cada niño tiene un ritmo distinto de maduración. No podemos comenzar cualquier día, buscaremos un fin de semana o un puente, porque las prisas no son buenas cuando se tiene que aprender a hacer algo. Tampoco lo hagamos coincidir con momentos de cambio en la vida del niño (inicio del colegio, cambio de casa, quitarle el chupete, etc.).

Anunciar que es un gran día porque va a aprender a hacer pis y caca como mamá y papá, prestarle los aperos elegidos y simplemente sentarlo —no más de 3 minutos— a jugar, a contarnos algo para que se familiarice con ellos, es más que suficiente. Luego debes decirle "qué bien lo has hecho, pero ¡qué mayor eres!, si te sientas sin problemas, a partir de hoy nos iremos sentando a ratitos, mamá te avisará".

Si eres de los que les desespera el control de esfínteres de tu hijo, esto te ayudará como ejercicio de paciencia porque el objetivo no es que haga pis o caca, sino simplemente que permanezca tranquilo sentado un rato. ¡Ah! y no te obsesiones con preguntar cada diez minutos si quiere ir al baño o vivirá con angustia el proceso. El objetivo es que vaya tranquilo, por eso lo asociamos a algo que le gusta tanto como estar con papá o mamá. En estos primeros días pueden resistirse a sentarse; si ocurre, no le obligues, simplemente guarda el orinal/adaptador e inténtalo al día siguiente.

Solo cuando vaya tranquilo al baño quitaremos el pañal diurno, entonces sí estaremos pendientes de las horas en las que suele hacer caca para ofrecérselo, o si lleva un par de horas sin hacer pis. Siempre le pediremos que sea él quien se baje el pantalón y se lo suba después. Además su colaboración, a la hora de cambiarse cuando se moja, es indispensable para conseguir el objetivo, porque está comprobado que el niño que colabora en las tareas de cambio y aseo mejora ostensiblemente el proceso de este aprendizaje.

Cuando se repitan como norma las evacuaciones en el váter y lleve al menos 15 días levantándose con el pañal seco pasaremos a quitar el de la noche. El inicio del proceso debería ser irreversible, por eso es importante que cumpla los criterios descritos y no echarse para atrás cuando se produzcan accidentes, que es lo esperable durante un período de tiempo. Todos los nuevos aprendizajes requieren premiar los logros que se van produciendo. Veámoslo con un ejemplo.

CASO PRÁCTICO

Juan tiene 2 años y medio y no ha iniciado el proceso de aprendizaje del control de esfínteres. A sus padres lo que más les preocupa es que este año tendrá que empezar el cole sin pañal. Aprovechando las vacaciones decidieron enseñarle. Para ello se le anunció a Juan que íbamos a empezar a hacer pis y caca en el váter.

Se puso un adaptador en el váter de casa y se animó a Juan a sentarse allí un rato mientras sus padres estaban con él hablando. Pasados unos 2-3 minutos se reforzó a Juan explicándole lo bien que lo había hecho y se aplaudió su destreza al sentarse y bajarse y subirse los pantalones.

El siguiente paso era que se sentara en el váter e intentara hacer pipí o caca. Cada vez que esto ocurría se le premiaba con una pegatina de sus dibujos preferidos que ponía en una cartulina. Si no lo conseguía, le indicábamos que se subiera los pantalones, elogiándole lo bien que lo había hecho y enseñándole que siempre que tenga ganas de hacer pipí o caca puede pedir ir al váter.

Es importante a lo largo del proceso que se premien todos aquellos logros encaminados a conseguir el objetivo final (bajarse los pantalones, sentarse

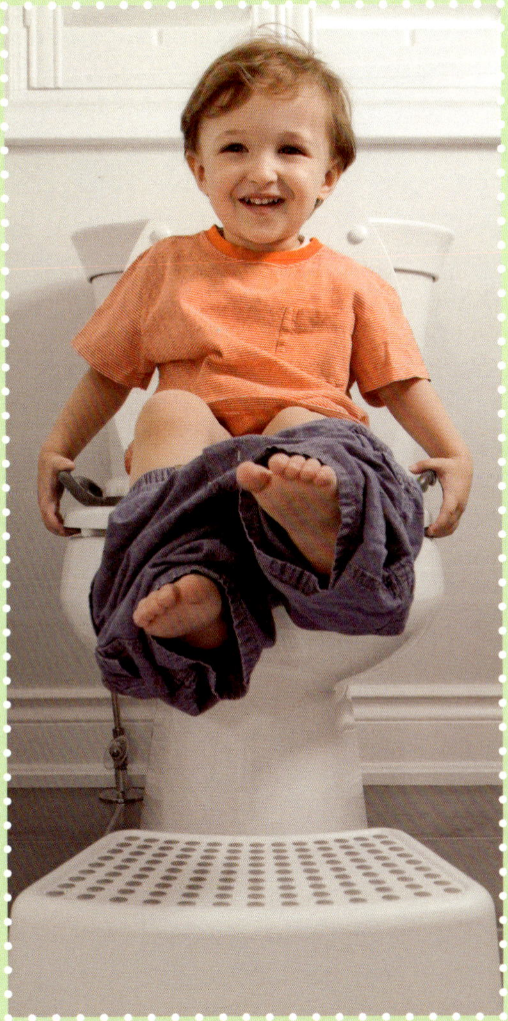

en el orinal, decir que tiene ganas de hacer pipí/caca, subirse los pantalones...). Para evitar miedos e inseguridades en el niño, es conveniente que el tiempo que esté sentado en el váter no sea largo (basta con unos pocos minutos) y que evitemos decirle cada poco "¿no tienes ganas de pipí?". Ahora, si le vemos en postura de hacer pis o caca le animaremos a que use el váter.

Cuando Juan ya se sentaba sin resistencia y de manera calmada llegó el momento de eliminar el pañal diurno. Aparecieron entonces los *accidentes* que, por supuesto, existen, aunque cada vez con menor frecuencia. Ante ellos los padres de Juan actuaban de forma tranquila, diciéndole que no pasaba nada y animándole a que ya tendría otras oportunidades de utilizar el váter. Limitándose a cambiarle de muda.

Cuando Juan ya utilizaba el retrete de forma habitual durante el día, se esperó a que se despertará varios días seguidos seco durante la noche (unos 10-15 días). Entonces decidieron eliminar el pañal por la noche, sabiendo que no había vuelta atrás. Es decir no se volvería a poner pañal a Juan, independientemente del número de accidentes.

De esta forma los padres de Juan le acompañaron durante su aprendizaje en el control de esfínteres sin olvidarse nunca que cualquier mínimo avance era un gran paso para él.

VESTIRSE Y DESVESTIRSE

Es una tarea compleja que los adultos realizamos todos los días, pero que si nos paramos a pensar necesita de infinidad de destrezas que los niños van adquiriendo poco a poco. Será en torno a los 2 años cuando estarán preparados para llevarlo a cabo, pero de nuevo no podremos esperar a que los cumpla para iniciarle en el aprendizaje, sino que tendremos que facilitárselo estableciendo un plan de actuación que tendrá en cuenta los siguientes criterios:

- Aproximadamente con 1 año ya pueden colaborar levantando el brazo o estirando las piernas. Será el momento de ir aumentando la dificultad de la tarea según vaya haciendo logros. Por ejemplo, intentaremos que con el pantalón por encima de las rodillas sea él quien acabe de subírselo o que una vez metida la cabeza en la camiseta él saque los brazos primero, y luego se ponga los calcetines. Dejaremos los zapatos para el final porque es lo que más les cuesta. La pauta será "inténtalo tú y cuando no puedas, yo te ayudo".
- Los uniformes o la ropa del colegio suele ser la adecuada para aprender porque no tienen cremalleras o botones. Hay que recordar que psicomotrizmente no están preparados para atarse los cordones, aunque todas las conductas que aprenden le ayuden a hacerlo en torno a los 7 años.
- Empezaremos pidiéndole que se desvista y prepare el pijama antes del baño ya que son las conductas más fáciles de llevar a cabo. Veremos como esta prenda no le supone mucho problema puesto que es amplia y no suele llevar botones. Le incluiremos entonces en la preparación de la ropa del día siguiente y le permitiremos que se ponga él solo el chándal o la sudadera mientras le contamos en alto el orden lógico que hay que seguir "primero la ropa interior, luego la camiseta, después los pantalones y por último los calcetines y los zapatos".

ASESORES DE IMAGEN

El momento de recoger los frutos llega en la etapa que va de los 9 a los 12 años. La supervisión de las tareas de higiene es menor, aunque tendremos que convertirnos en una especie de asesores de imagen de nuestros hijos para ir incluyendo nuevos complementos a su higiene. Dos factores los marcarán:

- El grupo al que pertenezcan: toman consciencia de que la higiene tiene sus ventajas a la hora de incorporarse al grupo social, empiezan a gustarles las colonias o perfumes de moda o quieren peinarse con gomina, afeitarse o depilarse porque "mis amigos lo hacen", "se han metido con mi bigote" o "me da vergüenza tener pelos en las piernas".

- Los cambios corporales: Sus necesidades higiénicas cambian, aumenta la grasa en el cuero cabelludo y la cara (acné) y la actividad de las glándulas sudoríparas que, unida a la aparición de vello, provocan un olor corporal distinto del que tuvieron de niños.
- Los cambios hormonales propios de esta edad traen asociadas otras necesidades de higiene en las que los padres seguiremos orientando a nuestros, ya no tan pequeños, niños. Por ejemplo:
    - El olor más fuerte del sudor hace necesario el uso de desodorante.
    - La aparición de pelos en el bigote o barba conlleva la necesidad del afeitado.
    - El vello corporal, sobre todo en el caso de las mujeres, plantea la necesidad de la depilación.
    - La menstruación y sus concretas necesidades de higiene.
    - El acné precisa del uso de productos de higiene específicos.

Los foros y el chat están llenos de preguntas del tipo "tengo 14 años y me ha salido el bigote, ¿me afeito ya?", "soy Marta y tengo 13 años, me voy a la playa con mis amigos y me dan vergüenza los pelos de mis piernas, ¿qué hago?". Si un buen hábito de higiene es importante en esta edad, no lo es menos saber empezar a establecer una comunicación fluida con tu hijo. Sé directo y afectivo, pregúntale y usa el humor. Por ejemplo, "¡cómo te canta el alerón! Hay que ponerle remedio, ¿no te parece?". Déjale que exprese las sensaciones que le producen estos cambios y los comentarios que hacen los compañeros del colegio. En el caso de las niñas, háblale de la menstruación, de cómo se produce, de la higiene que necesita cuando está con la regla, etc. De lo contrario, te puedes encontrar con que busquen la información en otros sitios, como Internet.

Recuerda:

Sentirse limpio está relacionado con sentirse bien.

La higiene es una forma saludable de prevenir enfermedades e infecciones.

Si lo iniciamos en la infancia con éxito, de adulto tendrá hábitos de limpieza adecuados como ducharse todos los días o lavarse los dientes.

Las distintas conductas que se llevan a cabo para una correcta higiene propician el desarrollo de la psicomotricidad del niño: abrocharse y desabrocharse, enjabonarse el cuerpo o cepillarse los dientes.

Los padres son el mejor modelo. Si nos ven cepillarnos los dientes, querrán imitarnos.

Un niño limpio tiene muchas más probabilidades de éxito social.

Con los cambios hormonales propios de la edad aparecen nuevos aprendizajes en la higiene de tus hijos. Es un buen momento para comunicarte con ellos y hablar del afeitado, la depilación, la menstruación, el acné...

Actitud de los padres

Premiar sus logros para que los repitan y animarlos con paciencia a que inicien otros nuevos. Regañarle, castigarle o ridiculizarle solo generará angustia en el pequeño. "Mira, eres el único que siempre tiene manchas, ya eres mayorcito para seguir haciéndote pis, voy a contarle a todo el mundo que no eres capaz de ponerte solo el pijama".

Esperar a que el niño tenga las capacidades y la edad necesaria antes de iniciar un nuevo aprendizaje. No le pidamos que se abroche los zapatos si no sabe ponerse el pantalón.

Una de las razones por las que se retrasa la adquisición del control de esfínteres es que no se le han adjudicado al niño tareas o responsabilidades como vestirse y desvestirse, cambiarse si se mancha o enjabonarse.

Nuestra función será hacerlo nosotros primero, luego ayudarle y después supervisar que repite lo aprendido para que en torno a los 12 años lo haga todo él solo.

MIEDOS Y MANÍAS

El miedo es un sistema de alarma que salta cuando detectamos la posibilidad de que se dé una situación de peligro y nos hace adoptar precauciones ante acontecimientos que suponen una amenaza para nuestro bienestar físico y psicológico. Así, por miedo a suspender, se estudia el examen. Es una emoción que experimentamos durante toda la vida, aunque el objeto temido y las reacciones cambien con la edad.

En la infancia, son típicos los miedos evolutivos. El 50% de los niños los padecen en algún momento y ¡menos mal que es así! porque se convierten en un sistema de protección para el pequeño, que mirará de reojo a su madre en el supermercado para no perderse, o llorará cuando un extraño se le acerque. A veces ocurre que las alarmas se disparan sin que haya un peligro real o el acontecimiento que los provoca sea amenazante por sí solo. Es el caso de los niños que no bajan al parque porque hay perros o se ponen enfermos para evitar una excursión con sus compañeros. Entonces, la reacción de los padres será fundamental. Si cambiamos de parque, nuestro hijo aprenderá a evitar y/o huir de situaciones desconocidas; si insistimos en ir acercándole poco a poco al animal, conseguiremos que el miedo no le impida mantener su rutina diaria.

A la hora de adquirir los miedos, son determinantes las experiencias previas que se hayan tenido con las situaciones o estímulos atemorizantes. Por ejemplo, es más fácil que un niño tenga miedo a los perros si le ha mordido alguno o ha visto cómo mordía a alguien, que si sus encuentros con los perros han sido desde siempre gratificantes.

La forma de vencer el miedo es enfrentarlo. Si somos capaces de acompañar a los hijos para que vayan venciéndolos, crecerán con la seguridad de que pueden resolver situaciones por muy desconocidas o amenazantes que parezcan inicialmente.

Evitar lo que tememos nos alivia en un primer momento para frustrarnos después por no haber sabido enfrentar el acontecimiento. Si esta actitud se repite con frecuencia, el niño verá afectada su autoestima con pensamientos del tipo "no valgo para nada, esto puede conmigo". Lejos de desaparecer, el miedo se generalizará a otras situaciones, agravándose en muchos casos e incluso pudiendo derivar en trastornos de ansiedad o fobias (miedo irracional y desproporcionado que perdura en el tiempo y se caracteriza por impedir el desarrollo normal de las actividades cotidianas). En estos casos, necesitarán la intervención de un psicólogo para vencerlo.

LAS MANÍAS o malos hábitos son comportamientos que el niño lleva a cabo porque descubre que le calman, le alivian o le relajan en una situación de ansiedad, aunque desgraciadamente no las solucionan. Basta ponerlas en práctica una vez para que se instauren con fuerza entre sus comportamientos habituales. Son difíciles de erradicar, aun así, podremos buscar conductas alternativas que le produzcan la misma sensación placentera, sobre todo cuando la manía tiene consecuencias lesivas para el niño.

Muchas veces en el origen de una manía está la imitación de las propias manías de padres, amigos o hermanos. Hurgarse la nariz, morderse las uñas, balancearse, enrollarse el pelo con el dedo o rascarse son algunas de las más frecuentes. Si revisamos nuestro propio comportamiento, todos tenemos alguna manía o mal hábito en nuestro repertorio de conductas. La diferencia es que hemos aprendido a hacerlo en privado. Seamos indulgentes con las manías de nuestros hijos si no tienen consecuencias lesivas.

APRENDIENDO A SER VALIENTES

La forma de vencer el miedo es enfrentándolo. Si intentamos que el niño lo haga exponiéndose de forma directa, solo conseguiremos aumentar su ansiedad y perpetuar el problema. Es necesario ensayar primero. Cuando nos da miedo nadar buscamos a un monitor que nos enseñe y nos ayude a ir enfrentándolo poco a poco. Con todos los miedos, pasa igual. La sensación de miedo afecta a lo que sentimos, lo que pensamos y, por tanto, lo que hacemos.

Cómo piensa: el objetivo es enseñarle a decirse a sí mismo que es capaz de superarlo y sustituir pensamientos negativos como "no voy a poder con esto".

Qué hace: ir acercándonos gradualmente al objeto o a la situación temida le permitirá conseguir enfrentarlo.

Cómo se siente: la respuesta contraria a la ansiedad es la relajación. Si enseñas a tu hijo a hacerlo, enfrentará las situaciones disminuyendo el nivel de angustia que le provocan.

Los miedos y manías son propios del desarrollo del niño. Hay cinco criterios que, si se cumplen, nos avisan de la necesidad de consultar a un especialista:
El resto de los niños de su edad los ha superado.
Se mantienen en el tiempo.
Causan malestar en el niño y/o le provocan algún malestar físico.
Recibe burlas de sus compañeros.
Interfiere en sus actividades cotidianas.

PENSAR QUE SOY CAPAZ

Cuando los niños ya hablan, una de las cosas que más influye a la hora de enfrentar los miedos es lo que se dice sobre sus capacidades y que pueden dificultar la posibilidad de enfrentarlos. Tu hijo puede pensar "no voy a ser capaz, todos pueden menos yo, soy un torpe, todos se reirán de mí, quiero salir corriendo de aquí". Para evaluarlo, solo le tenemos que pedir que nos cuente lo que siente cuando le invade la ansiedad. Una vez detectados, podemos modificar los miedos si le pedimos que a partir de ahora, cuando algo le angustie, se diga a sí mismo en voz alta pensamientos que:

- **Le animen:** "puedo hacerlo, lo estoy haciendo bien, pronto conseguiré lo que me he propuesto".
- **Le ayuden a ver lo positivo:** "para los truenos están los pararrayos, así que mientras estoy en casa no hay peligro", "si mi hermano pequeño es capaz de levantarse a oscuras, yo también", "cuando consiga subirme a la noria, seré capaz de ir con mis amigos al parque de atracciones".

- **Le den instrucciones exactas de cómo actuar:** "solo tengo que respirar y empezaré a tranquilizarme y sentirme mejor. Luego, seré capaz de permanecer delante del gato sin salir corriendo".

Podemos hacer un listado con él eligiendo una para cada apartado. Se lo repetiremos en alto y le pediremos que las memorice. Cuando se enfrente a la situación en sí, empezará diciéndolas en alto y a medida que avance en el proceso, simplemente se las dirá a sí mismo a modo de autoinstrucción. El objetivo es que sepa y crea que es un niño valiente y capaz, porque entonces actuará en consecuencia y se sentirá bien.

El miedo es irracional por definición. De nada nos sirve que nos digan que las cucarachas no pican y que basta con pisarlas para matarlas. Aunque sepamos que es así, volveremos a gritar y salir corriendo a la otra punta de la habitación cuando veamos alguna. En el caso de los pequeños, hay que tener en cuenta que creen que lo que temen es real, así que si piensa que al sentarse en el váter una fuerza extraña lo absorberá, nada le convencerá de que eso no es posible, porque para él lo es.

Los niños, como los adultos, lo pasan mal no solo cuando tienen miedo, sino

también cuando quieren enfrentarlo. El método que te planteamos para solucionarlo combina situaciones que le producen ansiedad jerarquizadas de menos a más. Tendrá que repetirlas por orden hasta conseguir reducir el nivel de estrés que le provocan, entonces, y solo entonces, pasaremos a la siguiente fase.

Tendrás que establecer muchas aproximaciones progresivas antes de alcanzar el objetivo, y no podrás olvidarte de intercalar ejercicios de relajación y autoinstrucciones. Ser constante y paciente, dado que el proceso es lento, es fundamental. Con cada paso que dé tu hijo, estarás más cerca de perder su miedo. Independientemente del miedo o de la edad de tu hijo, podrás aplicar este método siempre que premies sus esfuerzos y no insistas cuando en lugar de disminuir, detectes que su estado de ansiedad aumenta. **Recuerda que el recurso más eficaz es ver a sus amigos enfrentándose a lo que les produce miedo**, por lo que procura buscar situaciones y momentos que lo favorezcan.

Es frecuente que con el control de esfínteres los niños tengan miedo a **sentarse en el orinal** y no digamos en el váter. A través de este ejemplo, te ilustramos cómo ayudarle a vencerlo.

CASO PRÁCTICO

1. Para empezar hay que definir exactamente a qué situación tiene miedo. Por ejemplo "a que la mano del monstruo me tire para dentro y me cuele por el agujero del váter". En el caso de que no hable todavía, podrás averiguarlo observando sus reacciones cuando le vayas a sentar en el orinal o adaptador y comience a llorar, gritar con rotundidad, sudar en exceso o ponerse en tensión, todas ellas manifestaciones frecuentes.
2. Lo siguiente es plantearse un objetivo "que haga pis y caca con el adaptador en el inodoro".
3. Por último, establecer una lista de actuaciones que le aproximen al objetivo, empezando por las que le provoquen muy poca o ninguna ansiedad:
   - Comprar un orinal nuevo y que juegue con él por la casa (olvidando el adaptador de momento).
   - Sentar a su muñeco preferido en el orinal.
   - Sentar a su muñeco en el orinal, dentro del baño y que permanezca allí con él.
   - Con la ropa puesta, sentarse en el orinal.
   - Con la ropa puesta, sentarse en el orinal y permanecer sentado unos minutos.
   - Con la ropa puesta, sentarse en el orinal y permanecer sentado unos minutos, mientras mamá le lee su cuento preferido.
   - Con su cuento y sin ropa, permanecer sentado en el orinal, mientras mamá le lee el cuento.
   - Permanecer sentado en el orinal y con un cuento hasta hacer pis o caca con mamá.
   - Permanecer sentado en el orinal y con un cuento hasta hacer pis o caca él solo.
   - Jugar a sentar a su muñeco preferido en el adaptador.
   - Sentarse en el adaptador con la ropa puesta y permanecer unos minutos, mientras papá le lee un cuento.
   - Sentarse en el adaptador sin su ropa puesta, mientras papá le lee un cuento.
   - Permanecer sentado en el adaptador y con un cuento hasta hacer pis o caca con papá.
   - Permanecer sentado en el adaptador y con un cuento hasta hacer pis o caca él solo.

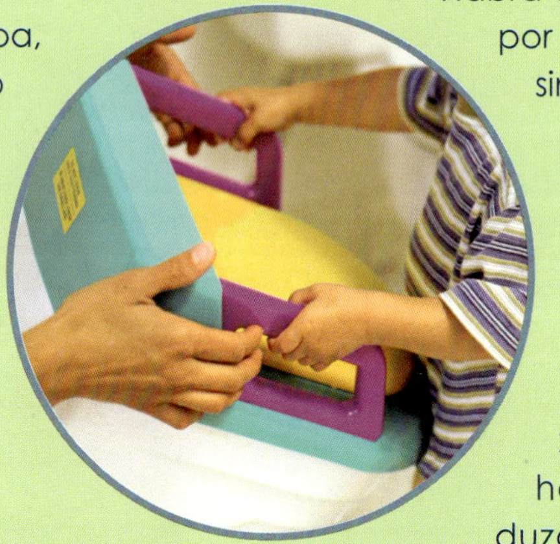

Habrá que pasar, en orden, por todas las situaciones sin saltarse ninguna. En cada paso aumenta la dificultad, puesto que el acercamiento al objeto temido es mayor.

No podremos avanzar al siguiente paso hasta que el niño reduzca la ansiedad que le genera la situación en la que esté. Podemos combinar esta actuación con otras que le ayuden a superar el miedo:

- Podemos dibujar el monstruo del váter y encerrarlo en una caja guardada en un armario del que no podrá escaparse.
- Colocar el orinal cada vez más cerca del váter.
- Permitir que nos vea usando el inodoro, que tire de la cadena y expli-

carle dónde van nuestras heces, incluso dibujarlo con él.

- Buscar libros, películas y videos donde vea a niños de su edad utilizando el retrete.
- Utilizar situaciones donde pueda ver a iguales sentándose en el sanitario (el aseo del cole, en casa de unos amigos).

Imprescindible:

Frases de ánimo al iniciar la tarea. "Vamos, ¡que tú puedes!" y al conseguirlo, "eres un campeón".

Respeto con sus tiempos. Si no lo consigue hoy, lo intentaremos mañana.

Asociar la situación temida a experiencias agradables. "Leer mi cuento preferido + ir al baño". Controlaremos especialmente situaciones desagradables que se puedan producir durante el aprendizaje y lo compliquen (que el suelo resbale y se caiga del orinal, que el adaptador esté mal colocado y pierda el equilibrio...).

ATACANDO LAS MANÍAS

Definíamos las manías como malos hábitos que tenemos todos, pero al contrario de lo que ocurre con otros comportamientos, ignorarlas no las hace desaparecer porque el niño no tiene como objetivo llamar la atención, sino calmar la ansiedad. Ya hemos comentado que una excesiva preocupación puede perpetuarlas, sobre todo, si nos pasamos el día regañándolo para que no lo haga, porque descubrirá que además, sirve para que sus padres le presten atención.

Las manías se instauran muy rápidamente y son muy resistentes, por lo que hay que armarse de paciencia e ir combinando estrategias como las que te describimos a continuación. Según el efecto que tengan en el niño, mantente firme. Si aun así la conducta no disminuye, tendrás que plantearte dejarlo e intentarlo más adelante, cuando sea un poco mayor.

El chupete

Algunos lo usan y otros no. Lo cierto es que hasta los 2 años puede ser una forma de enfrentarse solo a determinadas situaciones como el aburrimiento o dormir solo. Se complica si es lo único que utiliza cuando tiene que tranquilizarse. Para evitar que desarrolle un mal hábito conviene ir poco a poco retirándoselo durante determinados períodos de tiempo que iremos aumentando a la vez que ve que le ofreceremos otros recursos para calmarse sin el chupete.

- Después del año el chupete solo se utilizará en casa.
- Luego, solo para la siesta y la noche.
- Cuando llegue el momento de retirarlo, podremos buscar una situación en la que desprenderse de él sin que haya vuelta atrás: algunas de las historias que acompañan a la desaparición del chupete son dejárselo a los Reyes Magos o al Ratón Pérez, ir al zoo y regalárselo a algún cachorro, dárselo al primo que acaba de nacer o simplemente tirarlo a la basura.

Eso sí, habrá que hacer desaparecer todos los de la casa y aguantar con serenidad las súplicas para recuperarlo durante algunos días.

Mantener el chupete más allá de los 3 años es un comportamiento infantil del que podrán burlarse sus compañeros, además de suponer un problema para el correcto crecimiento y colocación de los dientes.

Haremos lo mismo con el biberón, implicándole en la compra de una taza atractiva que podrá elegir él para sustituirlo.

Chuparse el dedo

Es una manía preocupante cuando:

- Lo hace, aunque le dificulte la tarea que está llevando a cabo.
- Se produce muchas veces al día.
- Puede producirle una lesión.

Estos tres criterios los cumplía Ana, que a sus 3 años tenía desesperados a sus padres. Para disminuir la frecuencia, mantuvieron las siguientes pautas:

- Cada vez que lo tenía en la boca no volvieron a regañarla, ni a señalárselo, simplemente le pedían que sujetara algo para lo que necesitaba las dos manos.
- Le pintaban la uña del dedo que se chupaba de color rojo para recordarle que no lo hiciera.
- Interrumpían la actividad que estaba haciendo hasta que dejaba de chupárselo. Apagaban la música, la televisión o el ordenador.
- Siempre que Ana llevaba a cabo cualquier actividad sin chuparse el dedo, recibía un beso acompañado de una sonrisa. "Eres una valiente, lo estás consiguiendo".
- En poco tiempo, vieron disminuidas las veces que se chupaba el dedo y empezó a utilizar otras conductas para calmarse como pintar o contar lo que le preocupaba. Ya nadie la llamaba bebé porque no se chupaba el pulgar en clase.

Morderse las uñas

Es de las manías más difíciles de erradicar, tanto, que muchos adultos las mantienen. Para tener éxito necesitamos que el niño esté dispuesto a dejar de hacerlo. Podemos contarle las desventajas estéticas y de salud (los padrastros y las infecciones por la suciedad que tienen). Una vez esté motivado le propondremos:

- Utilizar un guante en los momentos en que tiende a mordérselas.
- Cubrir una uña o dos con una tirita hasta que crezca, alentándole a que haga lo mismo con las demás.
- Podemos hacer un listado con las actividades que más le gusta hacer y asignarle una actividad a cada mano, de forma que si al terminar la semana han crecido las cinco uñas, recibirá su premio.

Los miedos y las manías tienen en común la ansiedad. La relajación es la respuesta porque es imposible estar tenso y relajado a la vez. En cada una de las estrategias que enseñamos al niño, necesitará estar tranquilo para vencer la ansiedad sin necesidad de malos hábitos.

En el material complementario encontraréis una forma de ayudar a relajar a vuestro hijo (página 164).

Actitud de los padres

Animarle y decirle qué tiene que hacer en cada momento es fundamental para ayudar a nuestro hijo ante el miedo. Así nos convertiremos en su guía para vencer los temores.

Ante las pequeñas manías del niño evitaremos estar constantemente regañándole por ello.

Premiar los pequeños logros y avances.

Recuerda:

Tanto los miedos como las manías tienen en común la ansiedad porque dejamos de hacer cosas para evitarlos, y porque se ven momentáneamente calmados.

El miedo se vence enfrentándolo. Los pensamientos positivos del tipo "soy capaz de superarlo", así como aprender a relajarse son las claves para superar el temor.

Hay miedos de aparición típica en la infancia o miedos evolutivos que se consiguen vencer gracias a la educación, la madurez y el desarrollo.

Los miedos y manías no resueltos aumentan en intensidad y nos incapacitan por la ansiedad que nos produce enfrentarlos. Hay niños criticados por chuparse el dedo que dejan de ir al parque para no enfrentarse a los comentarios del grupo o por ejemplo, cuando el miedo a la oscuridad permanece, ir de campamento es impensable.

La mayoría de los miedos incapacitantes en la edad adulta tienen su origen en la infancia.

HÁBITO DE ESTUDIO

El hábito de estudio es la repetición de la acción de estudiar o de realizar tareas escolares. Igual que el resto de rutinas que hemos repasado a lo largo del capítulo, debe realizarse en un mismo lugar, a la misma hora y de la misma manera. Su interiorización es fundamental para desarrollar con éxito la capacidad de aprendizaje en el niño.

Los niños empiezan a estudiar a los 7-8 años. El éxito a la hora de afrontar esta nueva etapa irá en función de cómo se hayan instaurado e interiorizado previamente los hábitos de alimentación, sueño e higiene. Por lo tanto, si vuestro hijo no tiene todavía la edad de estudiar ¡no os saltéis el capítulo! Hay muchas actuaciones que podéis hacer antes para facilitar este proceso.

Un correcto hábito de estudio aumenta las posibilidades de eficacia y facilita el desempeño de aquellas funciones relacionadas con este. Es decir, nos permite asimilar más conocimientos con menor esfuerzo y en menos tiempo. Además, hará que el niño se sienta más seguro en relación a las tareas escolares y que confíe en sus capacidades. Es más, le dotará de los conocimientos necesarios para enfrentarse a su futuro desempeño laboral.

En algunas ocasiones pueden surgir dificultades relacionadas con el hábito del estudio. Conviene que estemos atentos y busquemos soluciones en coordinación con el colegio.

El **fracaso escolar**, concepto tan en boga en la actualidad, está directamente relacionado con la falta de un correcto hábito a la hora de enfrentar los deberes. Hablamos de fracaso escolar cuando el nivel de rendimiento del niño no es el esperado para su edad y curso.

Con una metodología correcta, minimizamos las posibilidades de que el niño

se aburra y se desmotive porque las técnicas de estudio permiten hacer el trabajo de forma más rápida y eficaz.

La **fobia escolar** es el miedo relacionado con alguna de las actividades que tiene lugar en el colegio, no es miedo al colegio en sí. Por ejemplo, miedo a suspender un examen, a que el profesor les pregunte, a que otros compañeros se metan con él, a separarse de los padres... Situaciones que en días lectivos producen un alto nivel de ansiedad en el niño y se manifiestan con la negativa a ir al colegio, dolor de estómago, de cabeza, vómitos y mareos. La actuación en estos casos es la misma que hemos descrito en el apartado dedicado a los miedos (capítulo anterior).

APRENDIENDO A ESTUDIAR

Al niño que ha crecido respetando normas le resultará más sencillo empezar una nueva rutina, como el estudio, que le exige capacidades como la concentración y la atención. No es necesario esperar a que tenga deberes marcados por el colegio. Es recomendable acostumbrarle desde pequeño a estar concentrado durante un tiempo y, a medida que vaya creciendo, ir aumentando este rato de concentración en la tarea para ir sentando las bases del hábito en el futuro.

Para aproximarle al hábito de estudio, podemos:

Empezar entrenando con actividades que le gusten y motiven desde pequeño (puzzles, cuentos, adivinanzas, pintura...). Es fundamental para este aprendizaje que termine todas las tareas que comience. Aunque empiece a pintar y enseguida quiera ponerse con el puzzle, intentaremos que al menos termine de colorear el dibujo que ha comenzado.

Facilitar que se implique en las tareas domésticas según su edad: poner la mesa, quitarla, llevar la ropa sucia al cesto, recoger sus juguetes...

Fomentar su autonomía. Si juega, se viste y come solo, ayudará a que quiera superarse y aprenderá a hacer él solo las cosas, afrontando el estudio como un nuevo reto.

La existencia de normas y límites apropiados para su edad, así como las consecuencias de su cumplimiento o no, le ayudarán a ser responsable de sus actos.

Para estudiar de la misma manera es imprescindible seguir un método. Las **técnicas de estudio** nos ayudarán. Se trata de herramientas para que el niño aumente su rendimiento académico minimizando el tiempo y el esfuerzo. Aunque al principio tarde más en la realización de las tareas escolares, hay que entender que está haciendo un esfuerzo y premiarlo. Con la práctica conseguirá sus logros y, cómo consecuencia, su motivación, con lo que disminuirá el tiempo dedicado al estudio.

Cuando las labores escolares empiezan a precisar resúmenes, memoria y concentración, es el momento para enseñarle un sistema o método que le ayude a hacerlo con éxito. Le acompañaremos a través de los siguientes pasos, con la finalidad de que lo haga él solo en un futuro no muy lejano:

Preparación del material: preparar el material, el lugar de estudio y un horario realista y fácil de llevar a cabo.

Aprendiendo a estudiar:

En el mismo lugar: deberá ser siempre el mismo, cómodo, con una mesa, una silla y una lámpara, evitando que existan elementos atractivos o susceptibles de distraerle. Dispondremos de todo el material necesario cerca (libros, lápices, sacapuntas, goma...) para evitar que tenga que levantarse y se despiste constantemente.

En el mismo momento: igual que hay un momento para la comida, la ducha o el sueño, también lo habrá para el estudio. Los adecuados pueden ser después de merendar o al llegar a casa tras las actividades extraescolares. Reservaremos y señalaremos en el horario el rato de estudio. Si todavía no tiene deberes, podemos invertir este rato en hacer alguna tarea que requiera cierta concentración, como por ejemplo hacer un puzzle, repasar unas letras, leer un cuento, colorear o aprender un trabalenguas. Incluso, para motivarle, podemos colgar estos trabajos en su habitación para que los vean el resto de la familia o archivarlos en una caja bonita.

De la misma forma: aunque al principio estemos con ellos y les ayudemos a distribuir las tareas empezando por las más difíciles y marcando el tiempo para cada asignatura, más adelante tendremos que retirarnos y confiar en que lo harán por sí mismos.

Lectura del texto: realizar una lectura general del texto, solucionando todo lo que le genere dudas y buscar la idea principal.

Subrayado: en una segunda lectura y de forma atractiva, con colores por ejemplo, se destacan ideas principales en un color y las secundarias en otro. La premisa será que subrayen lo estrictamente necesario, no todo el texto. Les podemos decir que imagine que la tinta del bolígrafo es de oro y que cada palabra subrayada es muy cara para que las seleccione bien.

Resumen: consiste en repasar las ideas subrayadas del texto y escribirlas en un cuaderno dedicado a los resúmenes y esquemas. Esta síntesis le servirá para memorizar o repasar las lecciones.

Esquema: reducir el texto a muy pocas palabras y de forma esquemática, mediante dibujos o llaves, flechas... La utilidad del esquema radica en recuperar las palabras claves para recordar las ideas principales.

Memorizar: retener el texto, para lo cual tendrá que comprenderlo. Si realizamos todos los pasos anteriores con éxito, nos aseguramos que aumente la comprensión del texto y en consecuencia su recuerdo. Existen reglas nemotécnicas que nos ayudan a la memorización de datos complicados, frases... Por ejemplo, podemos crear una palabra graciosa con las iniciales de los apartados a recordar o inventarnos una historia en la que intervengan los conceptos a memorizar. Las fotografías o dibujos también nos ayudan a recordar el texto que los acompaña.

Repasar: si no se repasa la lección, lo estudiado se va olvidando poco a poco. Si hemos hecho todos los pasos anteriores, esta tarea será sencilla y necesitará menos tiempo para llevarla a cabo. De esta forma, el estudiante evitará los agobios de los días previos a los exámenes.

Las posibilidades de éxito aumentarán si **distribuimos el tiempo** antes de ponernos a estudiar. A medida que vamos avanzando en la tarea, todos nos cansamos. Enseñarles a organizarse, les ayudará a optimizar los recursos y a aumentar el rendimiento. Las siguientes pautas nos pueden ser útiles:

- Los ejercicios más monótonos y difíciles al principio para terminar con los más fáciles o amenos.
- Los descansos son imprescindibles cuando la jornada de estudio es extensa. ¡La concentración disminuye con el paso del tiempo! Tras la primera hora de estudio, conviene descansar 10 minutos, tras la segunda, 15 minutos y así sucesivamente.

Concentración y motivación son dos factores que, unidos a los anteriores, son necesarios para el estudio. Ambos están relacionados entre sí de tal forma que a mayor motivación, mayor concentración. La poca atención, o su falta, es uno de los temas que más preocupa a los padres cuando sus hijos empiezan con las tareas escolares "se sienta delante de los ejercicios y se distrae con una mosca", dicen muchos. Si desde pequeño le hemos orientado a que acabe cualquier actividad que inicie, le facilitaremos este aprendizaje.

La motivación aparece y permanece cuando:

- Al niño se le reconoce su esfuerzo.
- Sabe cómo estudiar y tiene un método para ello.
- Organiza su trabajo y se siente responsable de su éxito.
- Se plantea metas a corto plazo, realistas, y las consigue.

A continuación, os proponemos algunos ejercicios que nos pueden ayudar a mejorar su concentración:

Mirar atentamente un dibujo y describir con todo detalle lo que ve en él.

Jugar a buscar semejanzas y diferencias entre dos objetos similares (o no tanto).

Dibujar un círculo mediano y llenarlo de puntitos pequeños sin salirse del contorno.

Mirar fijamente una parte de la habitación, centrándose en ella y obviando el resto durante un par de minutos.

Eliminar distracciones durante la tarea. El silencio es fundamental para las actividades intelectuales, evitar cualquier fuente de distracción como televisión, radio, portazos, discusiones...

- Ha aprendido a concentrarse en la tarea.

Hay algunos niños que necesitan un pequeño empujón para aumentar su motivación. En estos casos, podemos utilizar los reforzadores (ver capítulo "Premios y castigos", página 88). Para iniciar la rutina podemos recurrir a un sistema de puntos, como el que aplicamos en el caso de Laura:

CASO PRÁCTICO

Cuando conocimos a Ana y a Juan, padres de Laura de 8 años, nos contaban que todos los días era una auténtica batalla la hora de los deberes, nunca los terminaba, le daban las 10 de la noche con ellos o los hacía sin ganas ni atención... A Laura siempre le había costado hacer las actividades escolares sola y, ahora que las exigencias en el cole habían aumentado, cada vez le suponían más tiempo. Propusimos un plan para mejorar el hábito de estudio de Laura:

1. Repasamos con sus padres la organización de las tareas: lugar y ambiente de estudio, material necesario, etc. Los deberes de Laura podrían terminarse sin problemas en 30 minutos, pero ella las demoraba sin fin. Entre los tres buscaron el mejor horario para hacerlos y se plasmó en un papel:
   - 17.00-18.00: merienda y dibujos.
   - 18.00-19.00: ejercicios escolares.
   - 19.00-20.00: juego.
   - 20.00: baño.
   - 20.30: cena.
   - 21.30: nos vamos a la cama
2. Se estableció un programa de puntos en el que se reforzaban las siguientes conductas:
   - Cumplir el horario.
   - Terminar las tareas.
   - Hacer las tareas correctas.

Cuando Laura cumplía alguna de estas conductas se le daba un punto. De tal forma que si al final del tiempo de estudio tenía las tareas terminadas y correctas, podría en su tiempo de juego bajar al parque de la urbanización a jugar con sus amigos. Al final de la semana había conseguido los objetivos marcados, podría elegir entre una actividad especial de ocio: invitar a una amiga a casa el fin de semana, ir al cine o comer palomitas y ver la película que eligiese.

3. Se determinaron las normas que Laura tendría que respetar en su tiempo de estudio:
   - Antes de empezar a estudiar, tendría que disponer en la mesa de todo lo necesario.
   - Cualquier duda sobre los ejercicios, la apuntaría y la preguntaría al finallzar la asignatura.
   - Una vez terminado el tiempo de estudio, las actividades pendientes las dejaría para el fin de semana. Para ello se requirió la coordinación con la tutora de Laura.

Aunque al principio Laura se negó algunos días a hacer las tareas escolares, pronto aprendió las consecuencias y le compensó dedicarles un rato diario a sus tareas para disponer del resto del tiempo para su ocio. A medida que las exigencias escolares lo demandaban, el tiempo diario de estudio de Laura fue aumentando.

Si a estas edades los niños han aprendido a dedicar un tiempo diario al estudio, como Laura, cuando el esfuerzo tenga que ser mayor, lo harán con menos dificultades que aquellos a los que no se les ha inculcado este hábito. Por lo tanto, cuando Laura llegue a la adolescencia y el tiempo y las exigencias sean superiores a las de esta edad, lo hará con mayor facilidad. En ese momento el estudio competirá con otras actividades mucho más estimulantes para ella como el ocio, pero si ha existido y existe un horario, una metodología y unas consecuencias consistentes, disminuirán las probabilidades de que Laura fracase en los estudios.

Recuerda:

No tenemos que esperar a que el niño tenga 7-8 años para inculcarle el hábito de estudio. Hay muchas actuaciones que podemos hacer antes, que lo aproximarán.

El aprendizaje previo de otros hábitos facilitará la adquisición de los futuros.

El hábito de estudio requiere la repetición de una metodología eficaz, es decir, que se traduzca en un rendimiento adecuado a la edad del niño.

Hay niños que dedican demasiado tiempo a los estudios. En estos casos, tenemos que ser estrictos con el tiempo máximo dedicado y ayudarles a buscar actividades de ocio alternativas.

Las actividades extraescolares son beneficiosas para fomentar las aficiones, hacer amigos, distraerse, aprender, hacer deporte... A la hora de elegirlas tendremos en cuenta la opinión de nuestro hijo así como sus necesidades. Convertir a nuestro hijo en un *niño agenda*, con un exceso de actividades extraescolares, suele ser contraproducente, ya que aumentará considerablemente su nivel de estrés.

Actitud de los padres

Los niños imitan lo que ven en casa. De esta manera si nos ven leer, si les facilitamos experiencias donde puedan llevar a cabo lo estudiado, si fomentamos las actividades culturales... estimularemos su curiosidad y su deseo por aprender.

Nuestra labor como padres es animarles y exigirles.

No nos olvidemos nunca de reforzar y premiar su esfuerzo y su avance. Esto aumentará la confianza en él mismo y su motivación hacia la tarea. El castigo y la amenaza como formas de solucionar el bajo rendimiento escolar no son eficaces.

Ayudarle o enseñarle a estudiar no es sinónimo de hacerlo por él. Permitámosles que tomen decisiones y tengan responsabilidades conformes a su edad. A medida que vayan aprendiendo, cada vez nos necesitarán menos.

Cuando aparezca algún fracaso, que lo hará, enseñémosles a no desanimarse. Buscar los errores y ponerles solución será la actitud más adecuada a seguir.

NOR

MAS

Crecer sintiéndose protegido es imprescindible para ser un niño feliz. Los límites traducidos en normas protegen al niño porque marcan criterios claros sobre lo que puede o no puede hacer, enseñándole a ser responsable de las reacciones que su comportamiento provoca. Si acaba tarde el baño, retrasará la hora de la cena y por tanto no tendrá tiempo para leer el cuento con su padre.

Las normas le dicen al niño hasta dónde puede llegar, porque justo después vendrá el NO. Decir que no le enseña a saber renunciar a sus deseos, entrenándole a tolerar la frustración y permitiéndole abandonar poco a poco la idea de que todo gira a su alrededor, que son merecedores de todo y que cualquier límite es injusto. Cuando decimos NO, y lo mantenemos, el niño aprende a manejar su ansiedad y su agresividad. Sin límites claros, serán los niños del "lo quiero todo y lo quiero ya".

Una norma solo es eficaz si lleva consigo consecuencias. "Cenar y recoger la mesa en hora permite tener un rato de juego antes de acostarse". Las consecuencias se convierten en las reguladoras del comportamiento del niño. Para que sean efectivas primero habrá que averiguar lo que le gusta y disgusta, y luego establecer un sistema de aplicación para modificar comportamientos, porque dependiendo de su aparición, la conducta se repetirá o desaparecerá.

- La conducta seguida de una consecuencia positiva aumentará la probabilidad de que aparezca con más frecuencia. "Me encanta cuando me ayudas", seguido de un beso, conseguirá que el niño vuelva a poner la mesa al día siguiente. Los **premios** son el ejemplo más conocido.
- La conducta seguida de una consecuencia negativa hará que esta disminuya o desaparezca. "Si no estudio, suspendo". El ejemplo que más conocemos es el **castigo.**

Los premios y los castigos son consecuencias que utilizamos con frecuencia, pero no los únicos. La más eficaz es la atención que los padres prestan a las conductas de los hijos. La clave para modificarlas es atender los comportamientos positivos y obviar, siempre que sea posible, los negativos.

Educando, son muchas las veces que nos desgastamos intentando cambiar comportamientos de los niños sin obtener el resultado esperado. El desgaste suele generar una dinámica de regañinas, gritos y malestar que afecta negativamente al ambiente familiar.

Podemos evitar esta situación si:

- Elegimos una metodología que aplicaremos sistemáticamente, siendo firmes y coherentes con nuestra decisión. La lectura de este capítulo te presenta una forma de hacerlo.

- Establecemos una conducta objetivo. Seguir los siguientes criterios ayuda a seleccionar esa conducta: cuántas veces la lleva a cabo, cuánto dura en el tiempo y cómo es de intensa. "Arroja objetos siempre que se enfada. El enfado le dura una media hora y tira todos los objetos que se cruzan en su camino".
- Observar lo que ocurre antes y después de la conducta problema:
  - Antes: le pedimos que haga algo, se niega y empieza a gritar, le insistimos y aumenta el enfado.
  - Conducta: arroja todo lo que tiene a mano.
  - Después: recogemos lo arrojado y hacemos con él lo que le hemos pedido para evitar que siga tirando cosas.
- Evaluar intervenciones posibles (castigo, sistema de puntos, retirada de atención, control estimular) y elegir qué combinación de estas vamos a aplicar. "Retirar las cosas delicadas de su alcance, dar la orden y abandonar la estancia. No atenderle hasta que lleve a cabo la acción pedida, alabar que la inicie y aplicar como tarea reparadora recoger y arreglar lo arrojado".
- Observar que las conductas alternativas aparecen y las inadecuadas desaparecen o disminuye su frecuencia. "Se enfada, pero no arroja objetos y cumple con la orden".

Casi todos **los comportamientos que llevamos a cabo son aprendidos.** El objetivo será enseñarle otros nuevos, que sustituyan a los inadecuados. Si modificamos su forma de actuar conseguiremos cambiar también lo que piensa y siente. Así, cuando le pedimos que ponga la mesa y le damos un beso por lo bien que lo ha hecho, piensa y siente "puedo y soy capaz" y con esta actitud enfrentará nuevos retos. Mediante las consecuencias, el niño genera un esquema de comportamiento estable que mantendrá, con mucha probabilidad, de adulto.

Las normas ayudan a organizar la vida, cualquier situación está reglada, respetarlas es fundamental para vivir en sociedad. Cuando en la familia hay límites claros y justos, el niño se adaptará a los del colegio, a los del entrenamiento, un campamento o simplemente a los de ir en autobús; porque son capaces de generalizarlo a otras situaciones.

Si por el contrario, no hemos guiado y controlado sus conductas cuando son pequeños, serán incapaces de adaptarse al mundo, porque no sabrán enfrentar las frustraciones. Es como si "a fuerza de" no haberles negado nada, no desarrollaran "la fuerza para" conseguir las cosas por sí mismos.

LAS NORMAS Y LA EDAD DEL NIÑO

Frecuentemente los padres plantean "la importancia de los límites y las normas la tenemos clara, pero mi hijo no se entera, es muy pequeño. Si no le leo el cuento hasta que no recoja, no lo entiende, le da igual", o "tengo que estar constantemente poniéndole límites".

Con el fin de aclarar estas dudas tan habituales, a continuación vamos a hacer un breve recorrido de los límites a través de las diferentes etapas del niño:

De los 0 a los 3 años

En este período se sientan las bases del aprendizaje de los límites. En un primer momento las normas que le pongamos a nuestro hijo van a estar estrechamente relacionados con los hábitos o rutinas, como por ejemplo la comida, el sueño, el baño... Para poder establecer con éxito estas rutinas es fundamental que existan unas normas claras de comportamiento y que el niño las sepa, así como que se deriven consecuencias (premios o castigos) de su cumplimiento o incumplimiento.

Antes de su primer cumpleaños el niño, aunque no comprende lo que le decimos, reconoce perfectamente el tono de voz y reacciona ante él. Por lo tanto, entenderá un NO rotundo o un SÍ claro.

Pero es especialmente **a partir del primer año de vida** cuando el niño empieza a experimentar con todo, incluido hasta dónde son firmes papá y mamá con sus normas: "eso no se toca" y el niño, aunque extrañado, lo vuelve a hacer.

Pero antes de volver a tocarlo se girará y buscará con la mirada a sus padres, pese a lo gracioso que nos pueda parecer esta actuación del niño, hay que mantenerse firme con la norma que hemos puesto.

Aproximadamente **a los 18 meses,** cuando el niño ya empieza a ser capaz de atender a órdenes muy concretas del tipo: recoge, busca, cierra, ponte de pie, etc., es el momento perfecto para que el trabajo que venimos haciendo con él desde pequeño empiece a dar frutos. Mantenerse constante y firme es fundamental para poder afrontar con éxito y sin desesperación la temible edad de **los 2-3 años,** la del NO y las rabietas, que tanto asustan a algunos padres. Por lo tanto, hay que mantenerse firmes en los límites, abandonando ideas del tipo:

- "Si no doy a mi hijo todo lo que me pide, significa que no le quiero".
- "Como le veo poco por mi trabajo, me siento culpable y para un rato que estoy con él, le dejo hacer lo que quiera".

De los 3 a los 6 años

Muchos padres se quejan de que no les hacen caso. A esta edad, la mejor forma para que los niños aprendan, es actuando. Todavía no asocian la orden con la respuesta esperada. Cuando le decimos que recoja los juguetes, debemos acompañarles y enseñarles cómo deben hacerlo, sin caer en la tentación de hacerlo nosotros. Recordad que los padres somos los guías en la educación de los niños y toca enseñarles lo que se espera de ellos ante una orden.

Un error bastante común es darles demasiadas órdenes a la vez "recoge, lávate las manos, y siéntate en la mesa para cenar". Seguramente a mitad de camino el niño se habrá olvidado de todas las cosas que tiene que hacer.

La segunda parte, importantísima, para el aprendizaje de las normas: reconocérselo siempre que lo haga, "¡qué bien que has recogido los juguetes!".

A medida que el niño va creciendo, ha de tener responsabilidades apropiadas para su edad. Estas deben de ir haciéndose cada vez más complejas según adquiera capacidades para llevarlas a cabo.

Quizás algunos niños de **5-6 años,** tengan ya hermanos pequeños con los que es posible que el comportamiento, no sea del todo deseable y surjan peleas. Por lo tanto este es un buen momento para marcar normas de convivencia y, sobre todo, que conozcan las consecuencias que se derivan de su cumplimiento o no.

A partir de los 6 años

A esta edad empezaremos a descubrir que el niño sabe qué cosas puede hacer y cuáles no. Si aún no lo hemos conseguido, podemos trabajar para solucionarlo. Aunque cueste más, es importante no abandonar la idea de ¡todavía puedo hacerlo!

El niño que ha aprendido a respetar los límites no tendrá ningún problema a la hora de adaptarse a las normas del colegio, de casa de los abuelos, de casa de un amigo...

En cambio, un niño que no haya tenido límites, a esta edad, con muchas probabilidades, será desafiante en su actitud.

Siempre y cuando los límites estén interiorizados por parte del niño, con un buen nivel de cumplimiento, podemos empezar a ser más permisivos, ya que el niño marcará sus límites, y no hará falta recordárselos en todo momento. Podremos empezar con los pactos así como con las alternativas a las diferentes normas.

De 9 a 12 años

A partir de este momento seguramente, si en la infancia se han tenido unos límites definidos y sobre todo consecuentes y respetados, no habrá grandes problemas de conducta, sin perder de vista que el niño ya no es tan niño, que su criterio es importante y que tiene que ser oído por sus padres. Las negociaciones de las normas son típicas de esta edad.

Poco a poco, a través de acuerdos o pactos con él, se irán conjugando los intereses propios y los de sus padres.

Sin embargo, un niño sin límites en su infancia seguramente no los respetará en su adolescencia, y las conductas serán distintas: llegará a casa a la hora que quiera, se levantará cuando le apetezca, tendrá su habitación hecha una cuadra... etc. y, por muy grande que sea el enfado de sus padres, será más difícil que comprenda que no puede hacer lo que quiere en todo momento.

La agresividad es uno de los temas que incluimos en este capítulo, ya que el niño que no ha tenido límites tiene muchas posibilidades de convertirse en un niño agresivo o tirano.

Existen algunas conductas agresivas propias del desarrollo del niño que nos ofrecen un momento perfecto para trabajar el autocontrol, la tolerancia a la frustración, la capacidad para posponer el deseo o la adquisición de normas y valores. Conviene conocerlas para diferenciarlas de aquellas susceptibles de intervención de un profesional. Las resumimos en el siguiente cuadro.

Recuerda:

Los límites hacen sentir al niño que sus padres le protegen, aunque le cueste asumirlos e intente saltárselos. Un niño sin límites se siente inseguro.

Los niños no nacen sabiendo lo que pueden o no hacer, los adultos se lo enseñamos a través de normas que van seguidas de consecuencias.

Las experiencias que siguen las actuaciones del pequeño hacen que repita su comportamiento y lo incluya en su repertorio de conductas. Si intentamos que actúe adecuadamente, generará pensamientos y emociones positivos sobre sus capacidades y aumentará las posibilidades de éxito en lo que se proponga.

Las conductas del niño deben ser guiadas con normas y reguladas mediante consecuencias hasta que él adquiera la capacidad de autocontrol. Lo contrario genera niños agresivos o ansiosos.

El sistema de consecuencias para que sea justo y coherente tiene que estar adaptado a la edad y características del niño.

Edad	0-1	2-3	4-5	6-7	7-14
Motivo de la conducta agresiva	No satisfacción de sus necesidades (hambre, sueño, contacto físico, dolor, aburrimiento...).	Conflictos con la autoridad (edad del no, "yo solito").	Frustración.	Rebeldía contra las normas.	Sentimiento de justicia, defensa de sus derechos. Búsqueda de un grupo de referencia diferente a los padres.
Manifestación agresiva	Llanto.	Rabieta.	Desobediencia, peleas, rabietas (aunque con menor frecuencia).	Peleas físicas y verbales. Sentimiento de competencia, peleas con hermanos.	Estallidos de ira. Rechazo de lo familiar.
Objetivo de la conducta agresiva	Reducir la tensión y satisfacción de las necesidades.	Autonomía, autoafirmación, independencia.	Integración de las normas.	Adaptación social y control de las emociones.	Autocontrol, empatía y autoestima.

NORMAS Y LÍMITES

Si quieres saber cómo actuar en una situación nueva, observas a los que están en ella y pides información acerca de lo que se puede hacer, porque sabes que se rigen por normas que facilitan la convivencia. Eso es lo que esencialmente hace un niño para aprender qué conducta es adecuada y cuál no.

Cuando encuentran en sus padres la respuesta y esta es justa y coherente, se sienten seguros y protegidos; si en la situación anterior viéramos actuar a cada uno según le apeteciera y nadie diera una información clara, se encontrarían tan perdidos como nosotros.

La resistencia a asumir límites es lo esperable, ya que mantener normas genera conflicto. El niño se rebela porque casi siempre siente que pierde un beneficio, "es mucho más cómodo que mamá me siga vistiendo o papá se ocupe de recoger lo que tiro". El conflicto, la discusión, forman parte de la comunicación cuando uno se relaciona, es inevitable; sin embargo es fundamental aprender a controlarse en esa situación.

Gracias a los límites, el niño aprende que la convivencia necesita organizarse con normas que luego generaliza a otras situaciones. Cuando los padres no cumplen esta función, el niño se siente desamparado, perdido y piensa "mis padres no me saben proteger, yo soy el más fuerte". En definitiva cree que la relación con los otros es una continua lucha por imponer su criterio.

En torno a los 2-3 años, coincidiendo con la etapa del "yo solo", aparecen las conocidas rabietas. A esa edad no tienen capacidad para expresar lo que les pasa con palabras y utilizan el llanto

para contar que están en desacuerdo, enfadados o cansados. Las rabietas nos brindan la oportunidad para enseñarles a definir lo que sienten y a saber controlar ese chorro de emoción que les hace vivir cada contrariedad como si fuera un verdadero drama o, por el contrario, reír y jugar hasta acabar exhaustos. Si este proceso se hace adecuadamente, podrán entender lo que siente el otro, serán capaces de ponerse en su lugar y se esforzarán por intentar conseguir el éxito en sus empeños cuando no salgan como ellos quieren.

Los límites traducidos en normas facilitan la vida familiar, a pesar de miedos y complejos que podamos tener. En un ambiente familiar de afecto y comunicación ejerzamos de padres y exijamos a los niños que cumplan también su parte.

APRENDIENDO A PONER LÍMITES

Educar sin límites es una contradicción. Las normas orientan su conducta y consiguen que afronten con seguridad los acontecimientos. Muchos padres dejan de ser consistentes, porque creen que el niño dejará de apreciarlos. Nada más lejos de la realidad. Conocer los límites que hay en casa y recibir consecuencias por su cumplimiento o incumplimiento es aplicarlos con afecto. Cuando esto es así el niño:

- Desarrolla tolerancia a la frustración.
- Comprende las necesidades del otro.
- Aprende autocontrol.

Aumentar las posibilidades de éxito cuando ponemos límites es posible si tienes en cuenta estas condiciones:

- Que exista clima familiar de afecto.
- Estar convencidos de que lo que se exige se tiene que cumplir.
- Que sean claros y necesarios.
- Que el niño sepa lo que hay que hacer.
- Que los adultos seamos coherentes con la norma y firmes cuando el niño intente saltársela.
- Ser flexible e ir adaptándolos al momento, la situación y la edad del niño.
- Que el niño conozca lo que pasará si cumple o incumple la norma.

Si lo que te preocupa es saber cuándo los límites son perjudiciales para el desarrollo del niño, evita:

- Establecer unos límites demasiado estrictos.
- Un número excesivo de normas.
- No poner ningún tipo de límites a su comportamiento.

Si aún así dudas de la necesidad de normas, un niño sin límites es un niño que:

- Nunca tiene suficiente.
- Responderá cada vez peor a las negativas.
- Tendrá grandes dificultades para postergar la satisfacción de sus deseos.
- Su autoestima quedará estrechamente ligada a la posesión de cosas materiales.

APRENDIENDO A RESPETAR LAS NORMAS

Poner normas convierte a los padres en depositarios de la autoridad familiar. Este papel nos viene dado por el simple hecho de formar una familia,

pero no nos convierte en figuras válidas hasta que nuestra actitud nos otorgue el reconocimiento del niño como tal.

A continuación, definimos tres estilos de ejercer la autoridad que representan un continuo. Cuanto más te acerques al cooperativo, más probabilidades tienes de que tu hijo te identifique como figura de autoridad válida:

ESTILO PERMISIVO O SOBREPROTECTOR	
PERFILES	Evitan a sus hijos cualquier experiencia que pueda ser frustrante. No se definen las pautas de actuación. No hay consecuencias estables, porque la única que mantienen es ceder ante las peticiones de los hijos.
FRASES QUE PODREMOS ESCUCHARLES	"Pobrecito, no soporto verle llorar así"; "con lo dura que es la vida, ahora que disfruten, ya aprenderán cuando sean mayores..."; "bueno hijo, está bien, te lo doy y dejas de llorar".
CONSECUENCIAS	Cualquier cosa que les desagrada provoca reacciones emocionales desproporcionadas. Si la película elegida no les gusta, aparece la rabieta. En cualquier momento puede desencadenarse una, no hay autocontrol. Tienden a resolver con agresividad o ansiedad. En situaciones nuevas no saben cómo comportarse, no han aprendido un código de conducta, porque no lo tienen en casa y se sienten inseguros y desconfiados.

ESTILO AUTORITARIO	
PERFILES	Educan desde el temor, porque tienen miedo a perder el control de la situación. Imponen normas rígidas que hacen cumplir con gritos y amenazas. Les dicen cómo deben resolver e imponen la solución.
FRASES QUE PODREMOS ESCUCHARLES	"Esto se hace porque lo he dicho yo y se acabó"; "pareces tonto hijo, te he dicho que para vestirte empieces por los pantalones"; "¿acaso no me has oído?, ¿eres sordo o qué te pasa? Te he dicho que traigas inmediatamente el mantel a la mesa"; "déjate de lloros, pareces un bebé. Dale inmediatamente el camión a tu hermano".
CONSECUENCIAS	No asimilan un esquema de comportamiento, porque dependen de que un adulto les obligue a cumplir las normas. No se hacen conscientes de que son responsables de su comportamiento. Solo estudian si los padres están en casa, porque es una imposición, no una responsabilidad. Emocionalmente se muestran miedosos, con ira o melancólicos. Se echan la culpa de lo que ocurre alrededor y muestran agresividad hacia sus padres.

ESTILO COOPERATIVO	
PERFILES	Atienden los intereses y problemas del niño, los tienen en cuenta. Entienden que pueden equivocarse y permiten que sus hijos lo hagan cuando toman sus decisiones. Muestran sin pudor lo que el comportamiento de sus hijos les provoca "me encanta cuando me das las gracias"; "me enfado cuando me insultas". No tienen miedo al conflicto que viven como parte de la convivencia, lo enfrentan con serenidad, paciencia y buen humor. Explican a los hijos por qué se les corrige. Acompañan a sus hijos en los distintos procesos de aprendizaje, están presentes cuando su ayuda es necesaria y se retiran cuando no se les reclama. Incluyen a los niños en las responsabilidades y tareas familiares poniendo especial cuidado en señalar todo aquello que hacen adecuadamente, siendo estrictos en el cumplimiento de las consecuencias que hacen al niño responsable de su comportamiento.
FRASES QUE PODREMOS ESCUCHARLES	"Cuando acabes de vestirte podremos leer un cuento, antes no"; "intenta hacerlo tú y si no puedes, me llamas"; "entiendo que esto te enfade, pero ahora no podrás bajar con tus amigos".
CONSECUENCIAS	La experiencia vivida en casa les enseña a funcionar en equipo, organizados con normas que se respetan para hacer más fácil y agradable la convivencia. Son responsables de sus actos, emprendedores y confían en sus capacidades para superar y solucionar dificultades. Son niños alegres y emocionalmente estables.

APRENDIENDO A DAR UNA ORDEN

Una vez decididas las normas que regirán la organización de la vida familiar hay que estar convencido de que se mantendrán porque, inevitablemente, los niños intentarán saltárselas. Tan importante como establecer un sistema de consecuencias (premios y castigos) es saber comunicar al niño qué es lo que hay que hacer. Si quieres aumentar las probabilidades de que lleve a cabo lo que le has pedido, sigue paso por paso estas pautas:

- Siéntate delante de él, a su altura, mírale a los ojos y háblale pausadamente.
- Dile: "recoge los juguetes" con un tono de voz convincente, seguro de que es lo que hay que hacer en ese momento. Abandona cualquier tipo de súplica o explicación "te lo pido por favor, hijo, estoy cansadísimo"; "tienes que recoger, porque es lo que te toca hacer. Si recoges, serás un niño ordenado y los niños así tienen un montón de ventajas". Tampoco a ti te convencerían estas argumentaciones y actitudes.
- Da una única instrucción cada vez (atendiendo al grado de madurez de su lenguaje). La capacidad de

atención en los niños es muy limitada, un minuto por año es un criterio válido para hacernos una idea, así que si les pedimos de una vez "recoge los juguetes, guarda tu pijama, métete en el baño y avísame para que vaya", lo más probable es que sean incapaces de recordarlo apenas los hayas perdido de vista.

- Dale tiempo para ver si lo ha entendido, que él repita lo que tiene que hacer. "Que sí mamá, que te he oído, que recoja..." dicen cuando son algo mayores. Aunque les resultemos pesados ellos harán un ejercicio de atención y nosotros tendremos claro que nos han entendido.
- Haz con él lo que le has pedido. Es muy frecuente que demos una orden y nos dediquemos a seguir leyendo el periódico o acabando la cena o tendiendo la ropa o contestando al teléfono. Deja de hacerlo, céntrate en acompañar a tu hijo y, solo cuando haya empezado a realizar lo que le has pedido, retírate. Si no lo haces, corres el riesgo de acabar vociferando algo así como "es la quinta vez que te lo he dicho y no te lo repito más. Recoge" y lo que es peor, que acabes recogiendo tú con el enfado correspondiente. Aunque al principio resulte arduo, piensa que una vez lo haya aprendido, incorporará la recogida como parte de su rutina y entonces podrás dedicarte a hacer otras cosas tranquilamente.
- Alaba lo que haga bien. Si le señalamos lo adecuado de su comportamiento, volverán a repetirlo al día siguiente.

APRENDIENDO AUTOCONTROL

¿Y si se niega a hacer lo que le pido?

Dar una orden correctamente aumenta las probabilidades de que el niño la cumpla, pero no nos lo asegura. A lo largo de esta sección te presentamos estrategias que te permitirán saber qué hacer cuando esto ocurra. Es recomendable que ambos padres decidáis ponerlas en práctica. Una de las cosas que más conflictos familiares evita es saber reaccionar de la misma manera ante una situación determinada.

Las rabietas

Entre los 2-3 años aparecen con fuerza. Que sean evolutivamente esperables no significa que no tengamos que intervenir. Si dejamos pasar el tiempo esperando a que transcurra esta etapa, el niño no aprenderá a identificar sus emociones y, por tanto, a controlarlas, condición imprescindible para aprender a ponerse en el lugar del otro.

Es muy probable además que manipule a los padres aumentando la intensidad de la protesta ante el no, de forma que si antes era suficiente un grito para conseguir lo que quería, ahora serán portazos.

¿Qué hacer?

1. Ignora la conducta continuando lo que estabas haciendo o inicia una nueva tarea (poner una lavadora, leer un libro, ordenar la nevera, ducharte).
2. Le dices en primera persona lo que sientes "me estoy enfadando mucho".
3. Utiliza palabras clave cortas como "basta". "Se acabó".
4. Dile tranquilamente que no vas a hacer caso a lo que te pide "lo siento, no voy a cogerte en brazos".
5. Añade en un tono firme "no voy a hacerte caso hasta que no dejes de...".
6. Retírate de la situación y dale un tiempo para que reflexione (un mi-

nuto por año) y sigue concentrado en tu tarea.

7. Pasado el tiempo de reflexión:

 - Si no se le ha pasado: repite los pasos 4° y 5° aumentando el tiempo de reflexión.
 - Si se le ha pasado: **para que esta técnica funcione es imprescindible que no te olvides de premiar su conducta adecuada.** "Cómo me gusta que estés así tranquilo y podamos seguir haciendo...".

No apliques esta técnica si las rabietas van acompañadas de conductas peligrosas para el niño o vive una etapa de cambios importantes para él.

Insultos y malas contestaciones

Es importante evaluar dos situaciones para decidir cómo actuar. Los casos de Pablo y Paula te las describen:

1. Los más pequeños pueden repetir una frase o palabra simplemente por la reacción que provocó en los padres. Es el caso de Pablo, que con 3 años decía perfectamente "no me da la gana" y "vete a la mierda" siempre que consideraba inoportuna la petición de sus padres.

Estos, muy preocupados, reaccionaban con muchos aspavientos a este hecho, de forma que Pablo se zafaba de sus obligaciones, aunque para eso tuviera que escuchar la regañina de turno o sentarse en el pasillo un rato. Cuando entendieron los beneficios que su hijo obtenía, decidieron cambiar de estrategia.

Empezaron por decirle "Pablo, ponte el pijama antes de cenar". Automáticamente oyeron el "no me da la gana", pero esta vez no le contestaron ni gritaron, sino que tranquilamente le dijeron "veo que dejar de jugar te enfada, pero es la hora de ponerte el pijama y venir a cenar".

Pablo intentó de nuevo la misma estrategia que hasta entonces le había ido tan bien, gritó, "vete a la mierda", pero su padre se limitó a expresarle en primera persona que aquello le enfadaba para insistir en lo que tenía que hacer "cuando tú me mandas a la mierda, me enfado y me pongo triste. Si decides hablar más bajito te escucharé".

Su padre se retiró de la situación y lo siguiente que oyó fue "no quiero ponerme el pijama", esta vez sin malas contestaciones. Bastó con retirarse de la situación para que Pablo entendiera que ese comportamiento no volvería a ser eficaz. Sus padres tuvieron que repetir lo mismo cada vez que Pablo volvía a intentarlo.

Finalmente acabó por ponerse el pijama y cenaron comentando cuánto les gustaba que Pablo hablara con tranquilidad.

2. A los 9 años, como Paula, saben lo que están diciendo e insultan con la intención de hacer daño al que lo escucha. Además de la retirada de atención, hay que añadir otras actuaciones. A Paula le encantaba quedarse en el patio de su urbanización jugando con los amigos al volver del colegio. Llegaba allí a las 17.00 h y subía a casa en torno a las 18.30 h. Solía soltar a sus padres toda una retahíla de insultos, cuando no le permitían hacer lo que quería. Sus padres, para impedírselo, acababan gritándole, así que las broncas se estaban convirtiendo en una forma habitual de comunicación en casa.

Empezaron explicándole a Paula "cuando tú nos insultas, nosotros nos enfadamos y nos entristece, si tú nos dijeras que estás enfadada hablando bajito, podríamos escuchar lo que te pasa e intentar hacer algo para que no te sientas así".

Le contaron que a veces uno se acostumbra a hacer daño al otro para salirse con la suya y que en el enfado no tenía en cuenta lo que su comportamiento provocaba en sus padres, así que como tenía que aprender a contar que estaba enfadada, le iban a ayudar a hacerlo de otra manera.

Si Paula utilizaba el insulto, por cada uno de ellos, reduciría 3 minutos de su tiempo de estar con los amigos. Si durante la semana contaba que estaba enfadada sin utilizar insultos, aumentaría los viernes media hora de tiempo en la urbanización.

Paula no solo consiguió su media hora de premio en poco tiempo, sino que empezó a hablar en términos de "esto que me dices me enfada, porque me parece injusto", permitiendo que la comunicación familiar cambiara de tono.

Esta intervención también es válida si la frecuencia de los insultos y malas contestaciones es muy alta independientemente de la edad del niño.

Conflictos frecuentes cuando aplicamos normas

Salir a la calle

Para muchos padres ir a cualquier sitio con los hijos se puede convertir en una pesadilla. No son pocos los que dejan de acudir a citas con amigos, no salen a comer fuera con los niños o se turnan para ir al supermercado sin el niño.

Podemos poner normas de comportamiento que habrá que cumplir para realizar una actividad. En casa de Elena, de 4 años, y Gonzalo, de 5, ocurría esto hasta que sus padres decidieron:

1. Antes de salir de casa explicaron qué comportamiento había que tener en la calle. "Para ir al parque hay que cogerse a la mano de papá y mamá hasta que lleguemos, una vez allí no podremos salir del recinto de los columpios".
2. Por supuesto les informaron de las consecuencias "si alguien se suelta de la mano durante el camino o sale del recinto, tendrá que volver a casa".
3. Elena y Gonzalo repitieron esta información a sus padres y salieron a la calle. No fueron muchas las veces que tuvieron que volverse a casa. Tras comprobar que el método funcionaba, enseñando a sus hijos un comportamiento adecuado, probaron con ir a comer a un restaurante e ir a hacer la compra.

Muchas veces no estaban los dos padres para poder llevar a cabo esta estrategia. Cuando esto ocurría, el que no respetaba las normas al llegar al sitio, debía permanecer sentado un tiempo antes de incorporarse a la actividad. De este modo, el comportamiento inadecuado no quedaba sin consecuencias y, lo que es más importante, se premiaba el adecuado.

Tareas alternativas

Normalmente los niños nos envían señales, que los padres podemos leer, antes de tener una pataleta. Algunos empiezan diciendo no, otros se sientan en el suelo, otras veces determinadas situaciones son propicias para que se altere: el supermercado, un tiempo de espera en el médico, etc. Cuando te encuentres en una situación así:

1. Intenta distraer su atención con alguna actividad, mejor si tiene que ver con la situación en la que estás, "ayúdame a buscar tus yogures preferidos"; "qué es eso de sentarse en el suelo, me voy a convertir en un monstruo de las cosquillas y tendrás que levantarte de la risa"; "vamos, ahora tienes que contar cuántos coches rojos encontramos de aquí a casa".
2. Señalar el comportamiento adecuado. "Me encanta cuando me ayudas"; "me gusta mucho oírte reír"; "me divierte mucho jugar contigo".

Actitud de los padres

Poner límites acordes con las capacidades y necesidades de los hijos. Permanecer sentados mientras dura la comida es una norma justa, hacerlo también mientras los adultos están de sobremesa es pedirles demasiado.

Describir las órdenes en positivo es decirle al niño lo que esperamos de él "guarda la mochila en el armario"; en negativo, no le aclara lo que queremos que haga, que es "no dejes la mochila tirada".

Las amenazas, el chantaje emocional o las descalificaciones usadas para conseguir que el niño nos haga caso pueden dar resultado a corto plazo, pero con el tiempo podrá utilizarlo como su forma de resolver conflictos y/o desarrollar miedos posteriores.

Decidir juntos las normas que regirán la organización familiar, y estar de acuerdo en la forma de actuar ante su cumplimiento o incumplimiento, permite predecir la reacción de los padres ante determinadas situaciones y comportamientos.

Recuerda:

Unos límites claros y justos hacen creíble el papel de autoridad de los padres sin caer en autoritarismos.

En cada casa debe haber límites. Los hijos tienen que conocerlos y saber las consecuencias de su incumplimiento o cumplimiento.

Las normas son una referencia que ayuda al niño a tener claros determinados criterios sobre las cosas.

Cuando no existen límites, son muchos o muy rígidos, aumenta la probabilidad de que el niño enfrente las situaciones con agresividad y/o ansiedad.

En la etapa 2-3 años, decir NO por sistema a lo que se le pide y escucharles decir "tú no, yo solo" les caracteriza. Eligen la rabieta para expresarlo.

El haber sido constantes en la aplicación de límites y consecuencias en la infancia, facilitará el cumplimiento de las normas en la adolescencia.

PREMIOS Y CASTIGOS

Las normas y los límites dan al niño la sensación de que vive protegido porque los adultos le marcan lo que puede hacer o no. Si hay algo que todos hacemos cuando educamos es premiar y castigar. Para padres, profesores, abuelos y educadores el objetivo común es conseguir que el niño deje de actuar de determinada manera o que repita el comportamiento señalado.

Sería estupendo que los niños vinieran programados para saber qué pueden o no hacer, pero a día de hoy solo es posible incluir esta variable si sus padres se la enseñan. Este aprendizaje se produce cuando a sus actos les siguen consecuencias. En el caso de los premios, aparecerá algo deseable para el niño; en el de los castigos, algo que le resulte desagradable.

Cuando no hay consecuencias o son inconsistentes, aumenta la probabilidad de que nuestro hijo nos desespere con comportamientos inadecuados y, si esta situación prevalece en el ámbito familiar, las posibilidades de que en la adolescencia desarrolle conductas agresivas o ansiosas se multiplican.

A lo largo de este capítulo te presentamos formas de conseguir que el niño inicie, repita o deje de emitir un comportamiento. Para empezar recuerda esta máxima **"hay que señalar los comportamientos positivos e intentar obviar, siempre que podamos, los negativos".**

Hay que ser consistentes en la aplicación de las estrategias que te presentaremos a continuación, pero sobre todo hay que combinarlas para alcanzar el objetivo con éxito. De nada sirve dejar de prestar atención a un niño, si cuando realiza la conducta adecuada no le sonreímos y le dedicamos unos minutos de juego.

APRENDIENDO LO QUE PUEDO HACER

Antes del conflicto

Lara tiene 2 años y es un torbellino. Cada vez que llega a casa tira algo del mueble de la entrada. Sus padres están empeñados en que aprenda a no tocarlo, pero a ella le resultan tan atractivas las figuras de cristal que siempre sucumbe a la tentación de jugar con alguna.

Si los padres de Lara se limitaran a poner los adornos en una estantería donde su hija no alcanza o a guardarlos por un tiempo, se ahorrarían el disgusto diario. Hay edades como la de Lara y situaciones que es mejor resolver antes de que llegue el conflicto. Es decir, controlamos el detonante y conseguimos disminuir o suprimir el conflicto. Por supuesto, las figuras de cristal volverán a su sitio cuando pierdan atractivo para Lara y ella sea capaz de controlar mejor sus ganas de cogerlas.

Si guardamos bajo llave las medicinas, tapamos las esquinas y ponemos barandillas a las escaleras para evitar peligros, ¿por qué no hacer lo mismo con antecedentes que desencadenan conductas inadecuadas?

Premiar

Premiamos cuando tras una conducta ofrecemos algo que es deseable para el niño. Cualquier conducta que señalemos a nuestro hijo probablemente se repetirá. Podemos darle un beso, sonreírle, contarle lo mucho que nos gusta que lo haga, darle una chuche por cumplir con su cometido, acompañarlo a su actividad preferida, comprarle un capricho, darle puntos para que los cambie por premios y, sobre todo, prestarle atención.

¿Premiar es un chantaje? No. Es una consecuencia que sigue a un comportamiento. Le indica al niño que es adecuado para que lo incluya en su repertorio de conductas.

Los padres de Carlos, de 6 años, se quejaban porque "con mi hijo no vale nada de esto, todo le da igual". Contaban que habían intentado premiarle con cromos de futbolistas cada vez que pusiera la mesa. La primera vez lo hizo y obtuvo el premio, pero fue la única vez. El disgusto de estos padres era tremendo porque, a pesar de ofrecerle recompensas, la nueva tarea de Carlos se había convertido en motivo continuado de conflicto familiar.

El refuerzo que le damos al niño tiene que tener valor de premio para él. Descubrimos que a Carlos no le gustaba el fútbol, sino las bicis. Los cromos habían sido idea de sus padres que, al ver que estaban de moda, supusieron que era lo que quería. Este fue el proceso:

1. Si Carlos ponía la mesa en la comida y en la cena, podía utilizar la bici por la tarde. Para que se produzca un nuevo comportamiento, el premio tiene que aparecer de inmediato y siempre que ocurra. Pero Carlos tenía que aprender a poner la mesa sin que hubiera premio.
2. Después de haber puesto la mesa toda la semana, Carlos salió de excursión al campo con la bici. Establecemos un intervalo de tiempo fijo para que aparezca el premio. Si nos quedáramos aquí, Carlos no incluiría la nueva conducta en su repertorio habitual. Hay que dar un nuevo paso. Tiene que poner la mesa sin saber cuándo aparecerá el premio.
3. De vez en cuando y de forma aleatoria, los padres de Carlos salían con él a montar en bici. Llegados a este punto es cuando el niño lleva a cabo la conducta, independientemente del premio, aunque es importante decirle alguna vez "cómo me ayudas, me encanta ver las cosas que sabes hacer solo".

Carlos incorporó dentro de su rutina poner la mesa. Los padres de Carlos nos comentaron que, tras esta, hacer la cama, ir de la mano al cruzar la calle o sentarse a hacer sus tareas, fueron conductas que adquirió sin necesidad de premios. Cuando aplicamos con rigor esta estrategia, se produce una generalización del comportamiento. Esto significa que así aprenden mucho más rápido cuál es el adecuado.

Sistema de puntos

Aunque es una estrategia muy efectiva hasta los 8-9 años, se obtienen mejores resultados en torno a los 2-4 años, coincidiendo con la edad del "yo solito" y las rabietas. Se utiliza cuando queremos que inicie una tarea nueva o que la repita. Consiste en aplicar un sistema de puntos que el niño obtendrá dependiendo de si lleva a cabo o no la conducta, y que podrá sustituir por un premio previamente pactado. Solo será eficaz si el premio es deseable para el niño.

*** En el material complementario (página 162)** tienes las cuadrículas necesarias y algunas de las conductas más representativas que se suelen trabajar con el sistema de puntos. Cuanto más personalices el material, más posibilidades de éxito tendrás. Utiliza caras son-

rientes, un superhéroe, *gomets* para las pegatinas o hazle dibujos de la conducta a realizar si no sabe leer.

El primer paso es contarle al niño en qué consiste. Utiliza un tono lúdico haciéndole partícipe. Cuanta más emoción pongamos en el tono, más motivado estará para hacer esfuerzos. Una vez explicado, le pediremos que nos repita qué tiene que hacer para conseguir el punto y qué premio obtendrá. Así nos aseguramos de que lo ha entendido.

Veamos la aplicación en el caso de Patricia, de 5 años. Su frase favorita era "hazlo tú". No había forma de incluirla en ninguna tarea de casa como poner, quitar la mesa o hacer la cama por la mañana.

Los primeros 7 días Patricia obtenía un punto por cada comportamiento que llevaba a cabo y al final del día podía cambiarlo por los premios elegidos. Sus padres hicieron una lista con las cosas que más le gustaban. Cuando hacía la cama podía ver sus dibujos preferidos; si ponía la mesa, elegía el postre y si obtenía el punto de quitar la mesa, bajaba al parque con su patinete.

La segunda semana: para obtener el premio Patricia tenía que hacer todas las tareas y solo entonces podría bajar con el patinete al parque.

Finalizados los 15 días: Patricia no tenía puntos, pero sus padres de vez en cuando la premiaban por su esfuerzo. La semana que cumplió con todas sus tareas fueron juntos al cine, actividad que eligió Patricia.

Patricia inició tareas de colaboración en casa y los puntos consiguieron que las realizara de manera habitual. Claro que sus padres siempre podrán recurrir a este sistema para iniciar otros comportamientos.

Para que el sistema de puntos sea eficaz habrá que tener en cuenta que:

Las conductas tienen que estar perfectamente especificadas. "Portarse bien en la mesa" es un concepto tan amplio e incluye tantas cosas que no sabrá qué le estamos pidiendo. "Mantente sentado mientras comes" lo entiende y puede llevarlo a cabo.

Utilizaremos como máximo 4 conductas.

Con el tiempo pierde eficacia: dos semanas de aplicación será lo adecuado.

Facilitaremos al niño que obtenga logros. Si no consigue los puntos suficientes para obtener el premio, cambiaremos el criterio o dejará de esforzarse por conseguirlo y empezará a pensar que es incapaz de hacerlo.

No utilizaremos puntos negativos ni retiraremos los que se han ganado ni le quitaremos un premio de los conseguidos. Independientemente del resto de su comportamiento, si consigue los puntos se le respetarán siempre.

Los contratos

A partir de los 8-9 años tendremos que empezar a negociar con nuestro hijo. Hay que tener en cuenta que una negociación lo es cuando dos partes en conflicto llegan a un acuerdo que implica que ambas ceden.

Todos en alguna ocasión hemos firmado un contrato. Tendremos que dar la misma veracidad y formalidad a esta situación si queremos que nuestro hijo cumpla su parte.

Alejandro, de 9 años, ha empezado a traer deberes y para sus padres supone una lucha que por las tardes se siente a hacerlos. Teniendo en cuenta los requisitos para desarrollar el hábito de estudio descrito en el capítulo de rutinas, elaboraron con él el siguiente contrato.

Reunidos en Segovia a 23 de Marzo de 2009. Alejandro, Rosa y Mario acuerdan:

Que Alejandro se compromete a realizar el siguiente trabajo:

1. Comenzar a estudiar todos los días a las 18.30 y no finalizar antes de las 19.30.
2. Traer todos los días la agenda escolar y organizar con papá las tareas del día.
3. Realizar a diario los deberes del colegio solo.
4. Corregir con papá el trabajo terminado.

En este apartado se contemplan los comportamientos que se espera realice el niño. Tienen que describirse de la manera más específica posible.

A cambio de este trabajo Alejandro podrá dedicar una hora a una de las siguientes actividades:

- Jugar con la videoconsola.
- Ver la televisión.

En este apartado se describe lo que conseguirá si cumple su parte del acuerdo.

- Si además dedica media hora más al estudio ese día, recibirá 20 minutos más de bonificación en la actividad que haya elegido.
- Si algún día pide alguno de los premios sin haber hecho el trabajo acordado, se le descontarán 20 minutos del tiempo de actividad.
- Cada semana que haya realizado correctamente todas las tareas mencionadas, el sábado podrá aumentar media hora la hora de vuelta a casa por la tarde.

Podemos añadir un bono como el descrito en este apartado de forma que cualquier comportamiento adecuado que añada se vea premiado. Contemplaremos además las consecuencias a la no realización del compromiso.

Firmado: Alejandro Mamá Papa

Con el contrato motivamos al niño para que realice el esfuerzo que implica un cambio de comportamiento. Si queremos que funcione, conviene pedirlos poco a poco.

Una vez leído y firmado lo colocaremos en algún lugar visible de la casa. En el caso de Alejandro, se puso en la nevera y resultó tan eficaz que sus padres, tiempo después, volvieron a utilizarlo para gestionar la hora de llegada a casa.

APRENDIENDO LO QUE NO PUEDO HACER

Nos empeñamos en contarle verbalmente al niño lo que no puede hacer y creemos que nos escucha porque asiente con la cabeza, para desesperarnos cuando, escasos minutos después, lleva a cabo el mismo comportamiento reprendido. Los niños aprenden por la experiencia que sigue a sus actos y ninguno es capaz de atender más allá de un minuto por año cumplido. Para conseguir un cambio de comportamiento, prueba a utilizar alguna de las estrategias que te presentamos a continuación y no te olvides de combinarlas con las del apartado anterior.

El castigo

Implica que a un comportamiento inadecuado le sigue una consecuencia desagradable para el niño. Es el recurso más utilizado por los padres, pero no el único. Antes de aplicarlo conviene evaluar si lo hacemos correctamente.

A Bea, de 8 años, sus padres no sabían como hacerle entender que no podía decir palabrotas cada vez que se enfadaba. Con las regañinas no habían conseguido nada hasta ahora, así que decidieron aplicar un castigo. Bea recibía semanalmente 5 euros de paga y trabajamos con esta variable:

Cada vez que Bea utilizara una palabra malsonante tendría que entregar a sus padres 20 céntimos. Así el castigo aparecía siempre que se producía la conducta a disminuir.

Al principio sus padres se mostraron resistentes porque ya habían probado a retirarle toda la paga cada vez que decía una palabrota sin que la medida fuera eficaz. Y es que, el castigo tiene que ser proporcional a la conducta y, claro, Bea se quedaba sin paga rápidamente dándole igual seguir insultando. Tal como lo planteamos, Bea podía ver recompensado su esfuerzo (no perder todo el dinero) y eso le animaría consiguiendo que la frecuencia de las palabrotas disminuyese.

Bea solía usar su paga para comprarse caprichos que no podía obtener de otra manera: chucherías, su revista preferida, cintas para el pelo o pulseras. No tener paga para ella era una lata.

Es un castigo si aparece próximo a la conducta, corresponde en intensidad y es desagradable para el que lo recibe. El de Bea cumple los tres criterios y consiguió que el número de palabrotas disminuyera. Sus padres no dudaron en felicitarla cada vez que contaba lo enfadada que estaba y no utilizaba palabras mal sonantes. Incluso establecieron un listado de términos que podían sustituirlas: córcholis, porras, jopeta, rayos, estaban entre ellas.

Otras formas de hacerlo

Podemos repetir hasta 50 veces a nuestro hijo que salga ya de la bañera, subiremos el tono, le increparemos preguntándole si está sordo e incluso, enfadadísimos, podemos acabar sacándolo a la fuerza con el consiguiente disgusto. También podemos probar a hacerlo como los padres de Roberto que con sus 4 años era capaz de parar la cena en su casa o retrasarla en función de cuando decidiera salir del baño.

Un día le comunicaron "en cinco minutos te aviso, habrá terminado el baño y tendrás que salir", avisándole de la conducta que tenía que llevar a cabo.

Pasado el tiempo establecido, con una actitud tranquila y sin muchas esperanzas de que su hijo obedeciera, le dijeron "Roberto han pasado los cinco minutos, aquí tienes la toalla, tienes que salir porque el tiempo del baño ha terminado". Por supuesto, Roberto empezó como todos los días "noooooo, un rato más y ya", pero esta vez para su sorpresa no encontró ningún tipo de réplica. Sus padres habían decidido no atender ese comportamiento.

Sentado para poder vigilarle mientras estuviera dentro de la bañera, en actitud seria pero firme, su padre se limitó a repetir "se ha acabado el tiempo del baño, lo que tardes en salir es tiempo de la cena y el cuento". Como era esperable, Roberto no entendió nada y se quedó jugando intentando incluir a su padre en el baño más largo que había tenido nunca. Su padre esperó firme y haciendo caso omiso a los distintos reclamos de Roberto para jugar hasta que este decidió salir. "Qué bien Roberto, ahora sécate y ponte el pijama", le dijo.

Roberto lo hizo y se presentó en la cocina para degustar su cena y fue entonces cuando le comunicaron que había invertido su tiempo de cena y cuento en el baño, por lo que ahora tocaba acostarse. Entonces sí que Roberto empezó a aprender que era responsable de las consecuencias de su comportamiento. Protestó, pero sus padres se mantuvieron firmes.

Desde entonces Roberto tuvo claro que si se demoraba en el baño disminuía el tiempo de otras actividades que le gustaban. No siempre salió puntual del agua, pero la mayoría de las veces cumplió con su horario.

No atender lo inadecuado

En educación dejar de atender un comportamiento para que desaparezca y alabar el que queremos que se repita es más que una estrategia, es casi una filosofía. Explicar la aplicación es tan fácil como difícil mantenerse consistente al llevarlo a la práctica. Lo primero que tendrás que hacer es estar convencido de que cumplirás porque es eficaz para conseguir la extinción de la conducta o problema.

Ten en cuenta antes de iniciarlo estas premisas:

La extinción, no atender el comportamiento inadecuado, solo es válida si el comportamiento de tu hijo tiene el objetivo de atraer tu atención. Para averiguarlo, retírate de la situación cuando aparezca. Si disminuye o cesa, no lo dudes: puedes extinguirlo con esta técnica.

La primera vez que se aplica, el niño llevará a cabo comportamientos que hasta ahora no había realizado. Podrá gritar, pegar portazos, romper o arrojar objetos. Esta fase se hace especialmente difícil y solo podrás mantenerte firme si confías en que es parte del proceso para conseguir tu objetivo.

Si en algún momento, sobre todo al principio, consigue llamar tu atención con alguno de sus comportamientos inadecuados, cuando intentes volver a ponerlo en práctica verás aumentada la intensidad de este. Habrá aprendido que si consigue golpear muy fuerte la puerta, al final le atenderás.

La extinción no basta con aplicarla una sola vez, hay que repetir el proceso siempre que aparezca la conducta que queramos disminuir o extinguir. Si estás decido a ponerla en marcha y quieres que tu esfuerzo se vea recompensado, entonces:

- Elige la conducta (solo una) que quieres cambiar. No seas ambicioso, que el que mucho abarca, poco aprieta. Cuando seas eficaz con esta, podrás plantearte hacerlo con otras y el proceso será más rápido.
- La siguiente puede ser ordenar los juguetes de la habitación. Cada vez que llegue el momento de recoger le dirás lo que tiene que hacer y te retirarás de la situación. Es posible que siga jugando. No importa. Busca una tarea que hacer y mantente en una actitud tranquila; cuando te busque simplemente le repetirás "cuando recojas los juguetes te atenderé" y sigue con lo que estabas haciendo independientemente del comportamiento de tu hijo.
- Ofrécele tu ayuda para recoger tantas veces como quieras. "Cuando recojas los juguetes te atiendo, ¿quieres que te acompañe a hacerlo?", si siguen los llantos, súplicas y demás comportamientos inadecuados, vuelve a retirarte.

- Si acepta tu ayuda o inicia la acción que le has pedido dile "qué bien, cómo me gusta ver lo ordenada que está la habitación". **Recuerda que esta técnica no tiene eficacia sin este apartado.** Es el que le enseña "esto no me sirve para conseguir mi premio especial, que mamá/papá me atiendan". Es recomendable que después de aplicar la técnica de la extinción, dediques un rato a jugar con él, ver juntos una peli o dar un paseo.

¿Y si el comportamiento es peligroso para el niño? Durante el período de no atención puede ocurrir que cojan las herramientas del armario que tiene prohibido abrir o se asomen a la ventana o golpeen ese cristal que tantas veces le han impedido tocar. Nos limitaremos a retirarlos de la situación con firmeza, pero sin decirles nada más que "cuando recojas los juguetes, te atiendo".

No utilices esta estrategia si:

- No crees que puedes mantenerla hasta el final, porque si lo dejas a medias, el niño aprenderá que intensificando su comportamiento consigue lo que quiere.
- Si no tienes claro que el objetivo de la conducta es llamar tu atención.

- Si se autoagrede o si el comportamiento se produce en situaciones de grupo.

Reparar lo estropeado

La clave está en encargarle que remedie las consecuencias de su acción, dejándolo mejor de lo que lo encontró.

Para Luis, de 6 años, las paredes de su habitación se han convertido en un gran lienzo. Sus padres se han puesto manos a la obra para terminar con este hábito. Cuando Luis se acerca a la pared cera en mano, le advierten: "Luis, si pintas la pared tendrás que limpiar luego". Así el niño decide si sigue adelante o no.

Luis pintó la pared y entonces le facilitaron una bayeta con la que borrar sus rayones. Teniendo en cuenta que la tarea le aporta algún aprendizaje, "hacerse responsable del orden de su habitación" y que realizarlo no le ocupa más de 5 minutos, Luis empezó a pensar si le compensaba pintar cuando después invertía tanto tiempo en dejarlo limpio.

Párate a pensar

"¿Qué piensas mientras estás sentado en la silla?" le decía un amigo a otro y este le respondía "en cuándo me dejarán levantarme para poder seguir jugando." La silla de pensar o el rincón no tie-

nen por objetivo que piensen lo que han hecho, sino retirarlo un tiempo de la actividad, llevándolo a un sitio donde no haya entretenimiento para que aprenda que actuar adecuadamente permite seguir haciendo lo que le divierte.

Hay tres situaciones especialmente recomendadas para aplicar esta técnica: cuando hay un grupo de niños, en familias con hermanos y cuando estamos fuera de casa.

"Si sigues chinchando a tu hermano, dejarás de jugar". Si mantiene su actitud lo sacaremos de la habitación al pasillo, al rincón de la entrada de la casa o a cualquier otro lugar que no ofrezca entretenimiento al pequeño. "Espérame aquí y cuando vuelva iremos a pedir perdón a tus hermanos para poder seguir jugando". Sin alargar el tiempo más de un minuto por año del niño, volveremos a por él, pedirá perdón y podrá incorporarse de nuevo al juego.

¿Y si se levanta? Con el mismo tono tranquilo y firme le diremos "acompáñame y espera aquí hasta que vuelva a buscarte". Si se sigue resistiendo, busca otra alternativa de cambio de conducta entre las que te ofrecemos en este capítulo o corres el riesgo de convertir esta medida en un juego para el niño, donde ambos acabaréis correteando por la casa.

Recuerda:

Las consecuencias (premios y castigos) que siguen al comportamiento hacen que este se repita o desaparezca. Prestar atención a nuestro hijo es el premio más eficaz para que aumente la frecuencia con la que aparece una conducta. Cuando atendemos comportamientos inadecuados, estos se repiten. Si cuando llora le concedemos lo que pide, aprenderá que llorar es eficaz y exigirá lo que quiere llorando.

Aprovechar sus inmensas ganas de aprender y convertirnos en su modelo a imitar puede ser suficiente para llevar a cabo una conducta nueva si alabamos sus logros. No inicies la aplicación de las estrategias descritas en el apartado "aprendiendo lo que no puedo hacer" si el niño está enfermo o vive un momento especialmente estresante (hermano nuevo, cambio de domicilio, separación de los padres, cambio de cole...).

El niño que experimenta las consecuencias de sus actos se hace responsable de lo que su comportamiento provoca en el medio y en los demás. Además, desarrolla un esquema de actuación que incluye capacidades como el autocontrol o la tolerancia a la frustración y aprende a solucionar sin la agresividad o la ansiedad.

Actitud de los padres

Es importante calificar el comportamiento y no al niño. Expresiones como "eres un vago, qué malo eres, eres un desobediente o un desordenado" etiquetan al niño, que cumplirá con lo que se espera de él y mantendrá su comportamiento.

Es necesario mantenerse firme frente a lloros, súplicas, mientras nuestro hijo arroja cosas o ante cualquier otra conducta que lleve a cabo y no quieras que se repita. Hay que dejar de atenderle y resulta en muchas ocasiones complicado para los padres. Algunas pautas que pueden ayudarte son:

1. **Cuando le hayas dicho lo que quieres que haga, retírate. Dejará antes las conductas inadecuadas si no consigue llamar la atención de nadie.**
2. **Coge aire por la nariz hasta que notes el estómago inflado, mantenlo ahí unos segundos y suéltalo muy despacio mientras te dices "sé que ahora hará cosas para evitar cumplir el límite. Soy capaz de esperar a que baje la intensidad de su comportamiento y haga lo que le he pedido. Tranquilidad, está aprendiendo lo que puede hacer".**
3. **Hacer cualquier tarea que nos distraiga, como poner la lavadora, leer, hablar por teléfono, etc. con el fin de alejarnos de la atención del niño.**

AGRESIVIDAD

La agresividad es un estado emocional que consiste en sentimientos de odio y deseos de dañar a otra persona, animal u objeto. La agresión es cualquier forma de conducta que pretende herir física y/o psicológicamente a alguien. Esto se traduce en empujones, golpes, arañazos, pellizcos, patadas, insultos, burlas, amenazas...

Es muy probable que los niños que no hayan tenido límites o consecuencias de sus actos desarrollen comportamientos agresivos. A lo largo de este capítulo queremos trasmitir algunas estrategias para que tu hijo aprenda a solucionar sin hacer uso de conductas agresivas.

Algunas son evolutivamente normales, por muy exageradas y desagradables que parezcan (ver página 75). El hecho de contemplarlas como parte del sano desarrollo de tu hijo no quiere ni puede significar que no intervengas cuando aparezcan. Todo lo contrario. Si desde pequeños les enseñamos a contener esas emociones, también minimizaremos las reacciones agresivas en la adolescencia.

En ocasiones, sin darnos cuenta, los padres perpetuamos las conductas agresivas en nuestros hijos. Algunos de los estilos educativos que pueden desarrollar estos comportamientos son:

Exceso de regañinas. si se abusa de la regañina como consecuencia de un comportamiento no es efectiva. En niños a los que se les regaña constantemente suelen tener el efecto contrario al que buscamos. Cualquiera de las consecuencias que hemos visto en el capítulo anterior (Premios y castigos) es mucho más eficaz para poner fin a las conductas inadecuadas.

Exceso de castigos. Si usamos exclusivamente el castigo sin reforzar las conductas adecuadas de los hijos, afianzamos en ellos la idea de que "haga lo que haga da igual, me van a castigar".

Padres pegones. Son aquellos que hacen uso de las descalificaciones y los bofetones para reprender los comportamientos inadecuados de sus hijos. Así lo que se les trasmite a los niños es "cuando te enfades o no te guste lo que hacen los otros, pégales o insúltales". Los niños copian lo que nos ven hacer.

Escalada agresiva

Esta es una situación que se da en algunas familias. Mírala con atención y si reconoces esta situación como habitual en casa, piensa que este escenario genera que los padres no controlen la situación y que el niño "se salga con la suya". Por lo tanto, nos toca a nosotros, como padres, no seguir subiendo los peldaños de esta escalera:

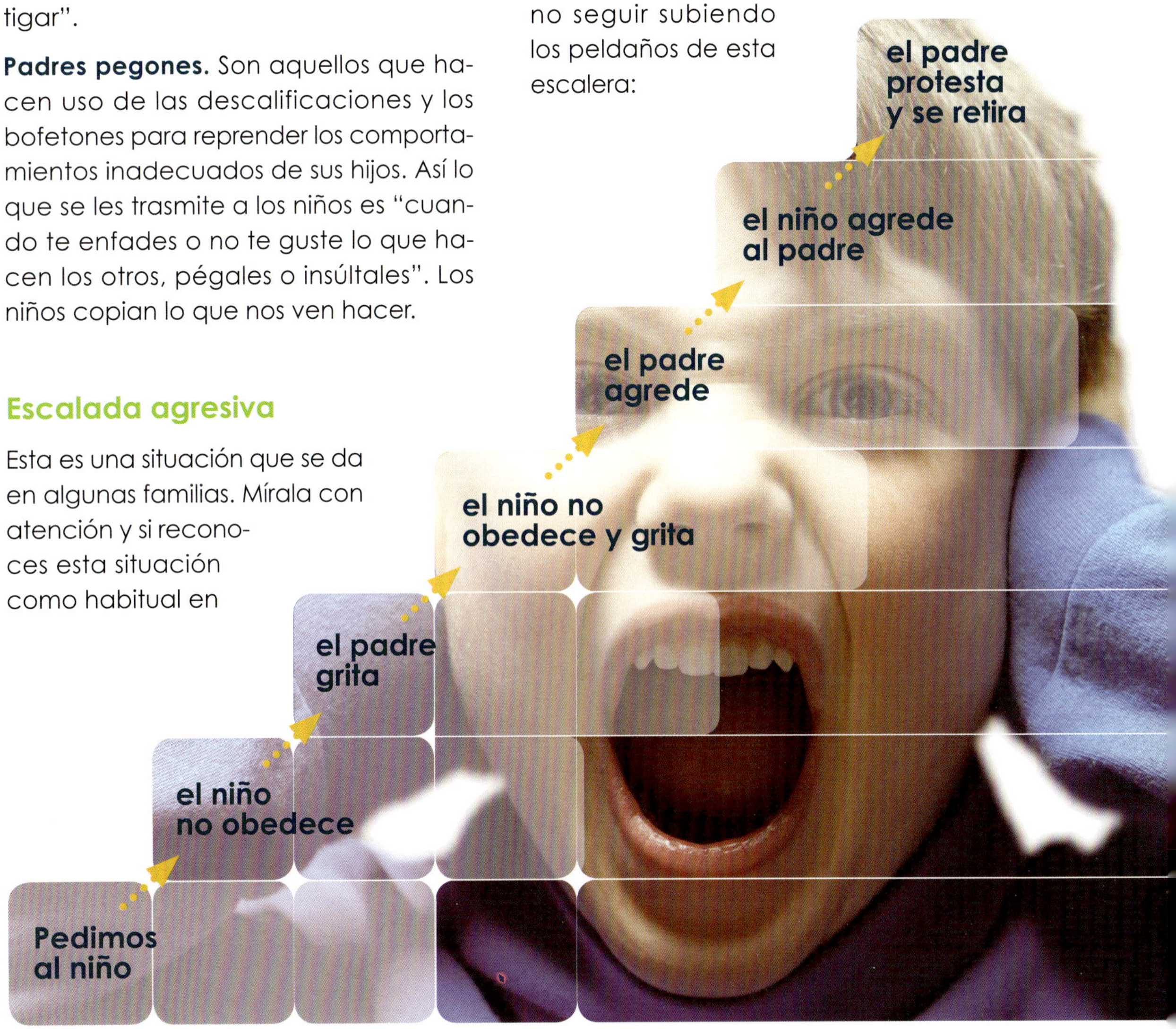

APRENDIENDO A CONTROLARSE

Cuando los niños actúan de forma atropellada, dicen o hacen lo que se les pasa por la cabeza sin tener en cuenta las consecuencias, podemos ayudarles a que controlen su comportamiento. Estos cinco puntos son decisivos para conseguirlo.

Normas

Adelantarnos y recordarle qué tiene que hacer en cualquier situación. Una buena manera de que el niño recuerde las normas que tiene que cumplir es escribirlas y colgarlas en un sitio visible.

Para que logre contenerse, el control, en un primer momento, tiene que venir de fuera. Por lo tanto, le contaremos las normas antes de realizar una actividad y le pediremos que las repita en voz alta. Por ejemplo, "antes de ver los dibujos, hay que recoger los juguetes". Con el tiempo conseguiremos que se convierta en un hábito que tu hijo llevará a cabo aunque tú no estés. Aprender a demorar las ganas de hacer lo que le gusta (ver los dibujos) hasta que haya cumplido con su responsabilidad (recoger los juguetes) es un fantástico ejercicio de autocontrol.

Empezar y terminar las tareas

Es frecuente que los niños con escaso autocontrol tengan dificultades para centrar la atención. Una de las claves será enseñarles un orden para realizar las tareas con éxito.

Para conseguir que empiece y termine las tareas, tenemos que contarle lo que queremos que haga poco a poco. Por ejemplo, si queremos que se vista, primero hay que pedirle que se ponga la camiseta y alabarle cuando lo hace. Una vez que lo haya hecho, le pediremos que se ponga los pantalones. Así sucesivamente, hasta que consiga el objetivo. Al principio, seremos los padres quienes guiaremos al niño contándole la tarea paso a paso. Luego le pediremos que lo haga él hablando en alto ("ahora me pongo los pantalones, ahora la camiseta...").

Con el tiempo le pediremos que se cuente a sí mismo cómo tiene que hacerlo a modo de instrucciones. Estas autoinstrucciones ejercerán un control sobre su conducta.

Premiar las conductas adecuadas e ignorar las inadecuadas

A lo largo de los capítulos anteriores hemos hecho hincapié en esta premisa. Pues ahora bien, es fundamental, cuando hablamos de controlar el comportamiento de tu hijo, ignorar las conductas inadecuadas sin olvidarse de premiar las adecuadas. Este método solo funciona si se dan las dos circunstancias. Si ignoramos las conductas inadecuadas y no reforzamos las adecuadas, no será efectivo.

No siempre es fácil reforzar a tu hijo porque ha recogido sus juguetes cuando lleva toda la tarde lanzándolos por la casa o saltando encima de los sofás. Pero hay que hacerlo. Así tu hijo aprenderá cuál es el comportamiento adecuado y cuál no.

Si nos centramos en el mismo, él aprenderá que lo inadecuado es su comportamiento, y no él. Es importante olvidarnos de tacharle de "malo, vago, desobediente" y, en cambio, hacer referencia a "porqué no has recogido los juguetes". Esto evitará que tu hijo asuma el rol o etiqueta de desordenado.

Pedirle que piense en voz alta

El objetivo de pedirle que piense en voz alta es mejorar su autocontrol e impulsividad. De esta forma, al pedirle que nos cuente qué es lo que piensa, podemos ayudarle a ordenar sus pensamientos. Podemos utilizar frases como "espera, no te he entendido bien", "termina de contarme esto y luego hablamos de eso", "si empiezas por el principio me enteraré mejor".

Aumentar la motivación

Si tu hijo inicia una tarea con ganas ya tiene la mitad de la actividad hecha. Para aumentar su motivación es importante que:

- Conozca qué va a conseguir al terminarla.
- Le animemos y entusiasmemos por la tarea.
- Al principio planteemos situaciones en las que la probabilidad de éxito sea alta, ya que el éxito llama al éxito.

¿QUÉ PUEDE HACER EL NIÑO PARA REDUCIR SU ENFADO?

El primer paso es que el niño identifique cuándo está enfadado. Para ello le explicaremos qué siente uno cuando se enfada, y le pediremos que nos cuente algún momento en el que haya sentido eso. Por ejemplo, "cuando nos enfadamos nos ponemos rojos, tensos, respiramos más rápido, y tenemos muchas ganas de gritar, golpear, pegar... ¿te ha pasado eso a ti alguna vez? Cuéntamelo".

Una vez identificado el enfado, tenemos que pedirle que cuando sienta eso, lo primero que tiene que hacer es verbalizarlo "me estoy enfadando", y luego realizar cualquiera de estas acciones para evitar que su enfado se transforme en ira:

- Contar hasta 10 antes de ponerse a insultar o pegar a alguien.

- Golpear el colchón con los puños.
- Dar unas vueltas rápidamente al parque.
- Pensar en cosas buenas.
- Hacer cosas divertidas (dibujar, ir en bici...).

- Relajarse. Puede utilizar el método que proponemos en el material complementario (página 164) o uno más reducido como:

1. Apretar los puños y contar hasta 10. Soltarlos lentamente y notar cómo tu cuerpo se va relajando.
2. Inspirar profundamente, aguantar la respiración contando hasta 10. Soltar el aire y notar cómo tu cuerpo se va aflojando.
3. Respirar normal, contando desde 10 a 0 en cada espiración, relajándote poco a poco.
4. Imaginar una escena o lugar agradable.

La técnica de la tortuga

A continuación te presentamos un método elaborado por el laboratorio Point of Woods para conseguir el autocontrol en niños con respuestas impulsivas y agresivas. Estas líneas están basadas y aparecen con más detalle en el libro *El Manual de la Tortuga*, de Schneider y Robin (1973).

El primer paso es contarle al niño el siguiente cuento:

En una época remota vivía una tortuga joven y elegante. Tenía 6 años de edad y, justo entonces, había comenzado la enseñanza primaria. Se llamaba Tortuguita. A Tortuguita no le gustaba acudir a la escuela. Prefería estar en casa con su mamá y su hermanito. No quería estudiar los libros del colegio ni aprender nada; solo anhelaba correr mucho y jugar con sus amiguitos, o pintar su cuaderno de dibujo con lápices de colores. Era muy pesado intentar escribir las letras o copiarlas del encerado. Solo le agradaba retozar y reírse con sus compañeritos —y pelearse con ellos también—. No le daba la gana de colaborar con los demás. No le interesaba escuchar a su maestra ni detener esos sonidos maravillosos, como de bomba contra incendios zumbando con estrépito, que acostumbraba a hacer con la boca.

Era muy cansado para ella recordar que no debía pegar ni meter ruido. Cada día, en su camino hasta la escuela, se decía a sí misma que iba a esforzarse en todo lo posible para no meterse en jaleos ese día. Sin embargo, a pesar de ello, siempre enfurecía a alguno y se peleaba con él, o perdía la razón porque cometía errores y empezaba a romper en pedazos todos sus papeles. Se encontraba así metida constantemente en dificultades, y solo necesitaba unas pocas semanas para estar harta por completo del colegio. Empezó a pensar que era una tortuga mala. Estuvo dándole vueltas a esta idea durante mucho tiempo, sintiéndose mal, muy mal.

Un día, cuando se hallaba peor que nunca, se encontró con la tortuga más grande y más vieja de la ciudad. Era una **tortuga sabia**, que tenía 200 años de edad y un tamaño tan enorme como una casa. Tortuguita le habló con voz muy tímida porque estaba muy asustada. Pero la tortuga vieja era tan buena como grande y estaba deseando ayudar.
—¡Hola! —dijo con su voz inmensa y rugiente—. Voy a contarte un secreto. ¿No comprendes que tú tienes la solución para los problemas que te agobian?

Tortuguita no sabía de qué le estaba hablando.
—¡Tu caparazón! ¡Tu caparazón! —le gritó la tortuga sabia, y continuó exclamando—. Para eso tienes una coraza. Puedes esconderte en su interior siempre que comprendas que lo que te estás diciendo o lo que estás descubriendo te enfada mucho. Cuando te encuentres en el interior de tu concha, serás capaz de calmarte y pensar lo que vas a hacer para resolver la cuestión. Así pues, la próxima vez que te irrites, métete inmediatamente en tu caparazón.

A Tortuguita le gustó la idea, y estaba deseando probar su nuevo secreto. Llegó el día siguiente, y ella cometió de nuevo un error que estropeó su hoja de papel blanco y limpio. Empezó a notar cómo se enfadaba y estuvo a punto de perder los nervios, cuando recordó de repente lo que le había dicho la tortuga vieja. Rápido encogió sus brazos, piernas y cabeza, y los apretó contra su cuerpo, permaneciendo quieta hasta que supo qué hacer. Fue fantástico para ella encontrarse tan confortable dentro de su concha, donde nadie podía importunarle. Cuando salió fuera, quedó sorprendida al ver a su maestra que la miraba sonriente. Ella le dijo que se había puesto furiosa porque había cometido un error. ¡La maestra le contestó proclamando que estaba orgullosa de ella!

Tortuguita continuó utilizando este secreto a lo largo de todo el resto del curso. Al recibir sus notas, comprobó que eran mucho mejores que las anteriores. Sus compañeros se preguntaban maravillados cuál sería su secreto mágico.

Una vez conozca el cuento, ayuda a tu hijo a que haga la postura de la tortuga. Consiste en apretar los brazos contra el cuerpo e inclinar la cabeza de tal modo que el mentón se apoye sobre el pecho. Una buena forma de enseñarle es haciéndolo con él. Cuando esté en la posición de la tortuga, le pediremos que se relaje. Para ello, utilizaremos el método que hemos descrito en la página 100.

Cuando sepa ponerse en la postura de la tortuga, pídele que te cuente la última situación en la que se enfadó y acompáñale a buscar un lugar (su habitación, por ejemplo) al que retirarse y aplicar la técnica.

Explícale lo difícil que es al principio darse cuenta de que está enfadándose mucho y que tú le ayudarás, porque cuando notes que esto está ocurriendo le recordarás la palabra clave "tortuga" y él se irá a su cuarto y se meterá en el caparazón. Siempre que utilice esta técnica le reconoceremos su esfuerzo.

Si tras un tiempo de aplicación no disminuyen las conductas problema o no logras que se relaje, te recomendamos que acudas a un especialista que revise contigo lo que está fallando y lo que hay que modificar.

APRENDIENDO A SOLUCIONAR PROBLEMAS

A todos se nos presentan conflictos a diario. Los niños, en ocasiones, no saben solucionar el problema que tienen delante, no saben cómo actuar, y lo hacen de forma impulsiva. Si el niño manifiesta conductas agresivas, le podemos enseñar qué hacer ante aquellas situaciones que no sabe resolver de otra forma. Se trata de que se pare a pensar antes de actuar. Por ejemplo, en lugar de pegarle, qué hacer cuando un amigo le quita uno de sus juguetes.

La técnica de solución de problemas que te vamos a presentar se utiliza con niños desde edades muy tempranas, solo necesitamos que se exprese con cierta fluidez. Se trata de presentarles al mono Bruno. Este personaje repasa en cuatro pasos, representados en dibujos, el proceso necesario para encontrar la solución a cualquier problema. También puedes elegir su personaje preferido de dibujos animados, su héroe o su peluche favorito y dibujarlo en las cuatro actitudes en las que aparece el mono Bruno.

En el material complementario tienes unas láminas que te pueden servir de guía para enseñar a tu hijo a solucionar problemas (página 163).

Los 4 pasos

1. **Tengo un problema**. Definición del problema para obtener toda la información posible del mismo. Haciéndole preguntas a tu hijo sobre la situación le puedes ayudar a que recupere todos los datos necesarios.
2. **Cómo puedo solucionarlo**. Se buscan posibles soluciones al problema. Cualquier vale. De momento no se trata de juzgar si son válidas o no. Si tu hijo no dice ninguna, se las puedes sugerir. Una vez que las tengamos todas debemos elegir una, y establecer el plan que llevaremos a cabo.
3. **Estoy siguiendo mi plan**. Se pone en marcha la solución elegida repitiendo en voz alta todos los pasos que está dando y evaluando si son los que se propusieron en el plan.
4. **Cómo lo hice.** El paso final pasa por la evaluación de los resultados, fundamental para el aprendizaje. Insistiremos en que atribuya sus logros a su actuación y esfuerzo.

Conviene poner las láminas visibles en algún lugar de su habitación, así podrá recurrir a ellas cuando tenga que buscar soluciones y recordará los pasos a seguir. Esta técnica requiere de paciencia, constancia y esfuerzo por tu parte. Tu hijo necesita integrar la forma de aprender a pensar. Esto no se hace en una vez, ni en dos, ni en cinco. Recuerda que si lo planteamos como un juego, aumentará su motivación y querrá ponerlo en práctica.

Veamos un ejemplo:

Tengo un problema. Tengo que hacer los deberes y tengo ejercicios de matemáticas, lengua e inglés.

Cómo puedo solucionarlo. Creo que primero haré los deberes de matemáticas porque me cuesta más terminarlos, luego merendaré y me pondré con los de lengua y al final los de inglés porque estaré más cansado y esta asignatura me gusta y no me cuesta hacerla.

Estoy siguiendo mi plan. ¡Bien! Ya estoy terminando los deberes de lengua. Parece que me va a dar tiempo a terminarlo todo y no estoy muy cansado.

Cómo lo hice. ¡Ya he terminado! Ya sé para otra vez que lo mejor es empezar por lo que más me cuesta y terminar por lo que se me da mejor.

Actitud de los padres

Si tu hijo se muestra agresivo, no caigas en la tentación de actuar igual que él. Provocarás una escalada de mutua agresividad difícil de parar, que irá aumentando en intensidad.

En alguna ocasión habrás notado cómo parece que tu hijo te está provocando. No entres al trapo, retírate de la situación o te enfadarás y es posible que te arrepientas de tu actuación.

Si tu hijo grita y tú le gritas a él, entraréis en una dinámica que no sirve para evitar el comportamiento del niño, pero sí para aumentar el ambiente de crispación en casa.

Respeta los puntos de vista de tus hijos y no trates de imponer los tuyos. Escucha las razones que te dan.

Recuerda:

El comportamiento agresivo forma parte del desarrollo del niño. Le ayuda a definir su personalidad. Por ejemplo, en la etapa del NO (2-3 años) la terquedad les sirve para autoafirmarse y desarrollar su independencia.

Ayudar a tu hijo a identificar el enfado es el primer paso para que aprenda a controlar sus impulsos.

Las autoinstrucciones ayudan a tu hijo a regular su comportamiento sin necesidad de un control externo.

Elegir una forma de controlar el comportamiento de tu hijo y llevarla a cabo de manera constante y sistemática es el primer paso para el éxito.

Un niño sin límites, al que no se le ha enseñado a controlar sus impulsos y que ve conductas agresivas en casa, con mucha probabilidad se convertirá en un adolescente agresivo.

Las conductas agresivas cambian con la edad. No son iguales las reacciones a los 4 años que a los 12. Mientras que a los 4 son esperables las explosiones de ira y rabietas, si no se interviene, a los 12 años pueden aparecer conductas como robos, intimidación a otros, uso de la violencia, etc.

MOMENTOS

SCORE 2344567
E CALIDAD
ION

Llamamos así a los momentos en los que nuestro hijo es el protagonista y a los esfuerzos que hacemos para que se sienta así. Porque hoy por hoy es complicado encontrar tiempo para algo, a lo largo de esta lectura descubrirás la importancia de planteártelo como una obligación parental. Podemos compartir la labor educativa con el colegio, la familia, los amigos… pero dejemos claro una cosa: tu hijo necesita un tiempo contigo para crecer feliz y tú eres el encargado de darle la calidad que necesita.

Cuando un niño se siente valorado es capaz de valorarse y valorar a los demás. Si hemos aguantado estoicamente sus eternas charlas sobre con quién se pelea en clase y a qué han jugado, si hemos atendido sus deberes, si hemos dado en el clavo con las actividades que nos pedían, si hemos valorado sus esfuerzos y comprendido sus equivocaciones, sabrán hacerlo con los demás.

Por eso, es fundamental que nos planteemos como tarea diaria dedicar un tiempo a nuestros hijos. Puede ser mientras cenan o se bañan, antes de acostarse, o jugando un rato cuando llegamos a casa. De este esfuerzo saldrán reforzadas su autoestima, su inteligencia emocional y desarrollaremos sus potencialidades, porque este tiempo también es momento de aprender.

Autoestima e inteligencia emocional son capacidades que fluctúan en función de las situaciones que enfrentamos a lo largo de la vida, pero ambas se cimentan en la infancia: "Mi hijo tiene una autoestima altísima porque cree que todo lo hace bien", decía una madre. Nada más lejos de la realidad, solo los que son capaces de reconocer sus limitaciones y sus logros pueden enfrentarse con éxito a las dificultades. Entonces sí hablamos de autoestima sana, ya que se nutre de la aprobación que hacemos de nosotros mismos. Quien se acepta, se quiere y es capaz de querer a los demás.

Recuerda:

La autoestima e inteligencia emocional son importantes factores de éxito personal.

Al contrario que el cociente intelectual, la inteligencia emocional no depende de factores genéticos, sino educacionales. La combinación de ambas aumenta las probabilidades de éxito en la vida.

Los niños con un óptimo desarrollo de la inteligencia emocional se muestran más seguros y capaces de enfrentarse a la vida adulta.

Experiencias positivas acompañadas de alabanzas al esfuerzo, aumentan el nivel de autoexigencia de los niños.

Si el niño reconoce sus emociones también puede controlarlas. Cuando no sabemos identificarlas podemos actuar de forma impulsiva, dejándonos llevar por emociones como la ira, la tristeza o la euforia. No conectar con nuestras emociones nos hace analfabetos emocionales.

En torno a los 5 años el niño es capaz de hacerse una idea sobre quién es y cómo lo ven los demás. Si el autoconcepto es positivo, la autoestima se verá reforzada, si es negativo, se sentirá un fracasado y actuará en consecuencia.

Si piensa que es capaz de hacer las cosas, se siente valorado y actúa evaluando las consecuencias que su comportamiento tendrá sobre la tarea y los demás, así como aumenta las posibilidades de obtener éxito en lo que emprenda.

Sería estupendo escuchar a los padres preguntarse si su hijo explica ya que está enfadado o entiende que papá esté cansado para jugar con él, sin embargo a día de hoy es mucho más fácil escuchar si ha aprobado matemáticas o si tiene problemas con el inglés. El rendimiento académico fue durante mucho tiempo indicativo de éxito vital, pero hoy la realidad es otra. Aquellos que han aprendido a describir, controlar y expresar sus emociones, desarrollan su inteligencia emocional, es decir, toman decisiones, asumen sus errores, se motivan con sentimientos positivos, tienen en cuenta lo que su conducta provoca en los demás y en el entorno y por último entienden que las emociones de los otros son igual de válidas que las suyas. Como veis, un sinfín de capacidades que aseguran, con mucha más probabilidad, el éxito en la vida que un expediente académico impoluto, sin olvidar que cumplir con normas y rutinas es uno de los factores que desarrollan la inteligencia emocional.

LOS MOMENTOS DE CALIDAD Y LA EDAD DEL NIÑO

En la primera infancia los niños están centrados en sí mismos, pero, poco a poco van relacionándose con los demás. Entre el año y medio y los 2 años empiezan a interesarse por compartir juegos, aunque les cueste cuando son sus juguetes. Entre los 2 y los 4 pasan por etapas de normal timidez, pero ya disfrutan de las relaciones con los otros. Además, en estas edades aprenden a compartir los juguetes con otros niños a pesar de las contínuas peleas que provoca compartirlos.

Cuando el niño nace, no sabe interpretar las emociones de los otros, tampoco es capaz de descifrar las expresiones faciales de los padres, es a partir de los 3 y 6 meses cuando comienza a identificarlas. En edad preescolar, poco a poco van reconociendo las emociones de los demás e interpretando las suyas, aunque todavía de forma vaga.

Los menores de 4 años no diferencian entre las emociones reales y las fingidas. Pasada esta edad, ya comprenden que engañar a los demás es hacerles creer cosas que no son ciertas.

Tu hijo, antes de los 6-7 años, seguramente pase de estar triste a estar contento en cuestión de segundos, incluso dentro de la misma situación. Antes de los 6 años el niño comprende que los demás están contentos porque sonríen, y que están tristes porque lloran. Asocian gestos con el estado de ánimo, va logrando la capacidad de analizar sus emociones. No será hasta los 7 años cuando empiece a entender qué le ocurre al otro y por qué; además, a esa edad va adquiriendo cierto control de sus emociones, regulando la intensidad de estas según las circunstancias.

Es esperable que al llegar a la adolescencia aparezcan cambios repentinos en el estado de ánimo, algo así como "explosiones" emocionales intensas.

En el siguiente cuadro os hacemos un resumen de las edades aproximadas donde se muestran las emociones en los niños. Aunque unas se expresen desde bien pequeños, otras necesitan cierta madurez cognitiva para expresarlas y reconocerlas.

Desarrollo de las emociones en la infancia
Nacimiento: placer, sorpresa, disgusto, malestar.
6-8 semanas: alegría, sonrisa.
3-4 meses: enfado, ira.
8-9 meses: tristeza, temor.
12-18 meses: ternura, vergüenza (18 meses).
3-4 años: culpabilidad, envidia, orgullo.
5-6 años: inseguridad, humildad, confianza.

EL JUEGO

El juego es la actividad a la que más tiempo dedica tu hijo. Es la forma que tiene de relacionarse con los demás, para entender, contar y asimilar lo que le ocurre. Favorece la creatividad e imaginación, estimula la memoria, la atención y el pensamiento. Con el juego aprende a coordinar los movimientos de su cuerpo, desarrolla el equilibrio y la fuerza, a la vez que descubre sensaciones. También aprende que existen unas normas o reglas que hay que cumplir. Con el juego podemos ayudar al niño a que focalice su atención y concentración. Potencia su autonomía, es decisivo para el desarrollo del habla, además de influir en el aprendizaje de la toma de decisiones y resolución de problemas.

Por lo tanto nuestra labor como padres es darle la importancia que el juego se merece que, como hemos comprobado, es más de lo que a primera vista pueda parecer. Aunque el niño ha de disfrutar de momentos de juego en soledad, dedica un rato todos los días a jugar con tu hijo. Ha de ser una actividad placentera, lo lógico entonces será que él elija el juego y que nosotros respetemos sus normas. El tiempo de juego será un momento en el que nos mostraremos con actitud relajada, espontánea, natural; dejando de lado las tensiones y obligaciones. De esta forma, fomentaremos la comunicación y complicidad con nuestro hijo, favoreciendo el desarrollo emocional del niño.

Un niño que juega es un niño sano y feliz. Cuando permanece demasiado tiempo inactivo y no muestra ganas de jugar hay que contemplar la posibilidad de que algo no vaya bien. Otras pistas que nos pondrán en alerta son:

- Requiere siempre tu presencia para jugar.
- Se niega a jugar con los demás.
- Se estanca en un único juego y lo repite.
- Si cambia de actividad frenéticamente y no atiende ni respeta las reglas del juego, no espera su turno, no termina los juegos.

Te recomendamos que consultes con un profesional si algunas de estas situaciones son habituales en el juego de tu hijo.

APRENDIENDO A JUGAR

El juego es una actividad casi instintiva, ya que desde los primeros meses los bebés lo hacen con sus manos y sus pies. Según la edad y desarrollo del niño, sus intereses serán diferentes y también sus juegos. Vamos a hacer un recorrido por los diferentes tipos por los que va a pasar tu hijo. Es importante conocerlos para ofrecerle las oportunidades y recursos necesarios en cada etapa.

Juegos de ejercicio: son la primera actividad lúdica del bebé. Son los más elementales y consisten en la repetición de movimientos: mover el sonajero, lanzar objetos, mover sus manos y pies, coger juguetes y dejarlos, golpear los juguetes... El niño no se cansa de repetir estos movimientos, poco a poco los va perfeccionando y mejorando su destreza.

- En los primeros 4 meses, comienzan repitiendo movimientos automáticos (succión, reflejos) que se transformen en voluntarios, como chuparse el dedo, jugar con las manos.
- En torno al medio año, ya coge lo que ve o se agarra partes del cuer-

po. Se divierte mucho jugando con sus pies y manos.

- Entre los 9 meses y el año le apasionan los juegos de aparecer y desaparecer como el cucu-tras.
- Del año al año y medio, cualquier cosa le vale, lo coge, lo mueve, lo lanza...
- Cuando surje el lenguaje (entre el año y medio y los 2 años) empieza a aparecer el juego simbólico.

Juegos simbólicos: se inician en torno a los 2 años. Son juegos de ficción, de jugar a "como si", por ejemplo, como si el palo fuera la espada o, una caja de cartón, una cabaña. Son juegos de representación, de imitación de los adultos, juegan a profesores, a papás y mamás... Este tipo de juegos potencian la creatividad. Aunque en un primer momento los realizan solos, después de su tercer cumpleaños, y poco a poco, empezarán a disfrutarlos en compañía.

- Entre los 2 y los 3 años visten a los muñecos, los cambian, los bañan, les dan de comer, se suben en el balancín y van por la casa como si fueran en moto.
- A partir de los 3 años, ya integra a los otros en sus juegos, aparecen los amigos imaginarios. A los 4 comparte roles de juego con los demás.

Juegos de construcción: su apogeo se sitúa en torno a los 5 años. Son los juegos de montaje, ensamblaje que requieren de movimientos complejos y coordinados. En esta etapa ya no solo utilizan una caja de cartón como una cabaña, sino que la construyen a partir de la caja y otros elementos.

- A los 5 años le encantan las construcciones y jugar a imitar lo que observa: médicos, profesores, casitas... A esta edad empieza a aparecer la competitividad entre los compañeros.
- Hasta los 7, poco a poco, el juego se va haciendo más complejo y disfruta cada vez más de la compañía de los demás. Aunque a esta edad también empiezan a entretenerse solo con actividades elegidas por ellos, como la lectura, los videojuegos, televisión.

Juegos de reglas: son los últimos que adquiere el niño, en torno a los 7 años. Incluyen instrucciones y normas que se han de respetar para alcanzar el objetivo del juego. Con la edad, las reglas se van perfeccionando y volviéndose más complejas. Suelen ser juegos colectivos y perdurarán en la edad adulta (ajedrez, juegos de estrategia, naipes...). Respetar las reglas le facilita asimilar unas normas que regirán el funcionamiento de la pandilla, como consecuencia el niño aprende, de forma lúdica, a vivir en sociedad, a convivir con los demás.

- A los 8 años se interesa por los juegos de mesa, como el parchís, la oca... Estos fomentan la socialización ya que aprende a relacionarse y comunicarse con los demás, a que algunas veces se gana y otras se pierde, y funcionan respetando las normas y reglas del juego, que extrapola a su relación con los demás.
- Entre los 9-10 años los juegos predominantes en la vida del niño son juegos de reglas complejos, que se asemejan a los juegos de los adultos. Le atrae ir de paseo en bici, coleccionar, ir a pescar, los deportes, ir de excursión a la montaña y, cómo no, las nuevas tecnologías (de las que hablaremos más adelante, en el capítulo "Cambios", página 144): videojuegos, móviles, mp3, ordenadores...

EL RINCÓN DE JUEGO

El espacio en el que el niño juega tan importante como el juego o el juguete en sí. Es necesario encontrar un lugar donde el niño se sienta cómodo y seguro. Cada espacio ha de tener su función. El salón es un lugar para todos, donde el niño puede llevar sus juguetes y siempre que termine los devolverá a su sitio. Si no disponemos de una habitación para juegos, seleccionaremos un lugar de la casa destinado a este fin. Su habitación es el lugar preferible y deseable.

Diferenciaremos el lugar. Una alfombra de colores llamativos, una mesita con sillas pequeñas, unos muebles con cajones para guardar sus juguetes y facilitar el orden serán los aliados perfectos para crear un lugar de juego cómodo y atractivo para tu hijo.

Aparte de disponer de este lugar de juego, no tenemos que pasar por alto buscar un lugar al aire libre donde el niño pueda acudir a diario, como el parque.

ELECCIÓN DE LOS JUGUETES SEGÚN LA EDAD

Os proponemos algunas ideas sobre los juguetes más apropiados para cada edad. Recuerda que muchos juguetes marcan la edad para la que están destinados:

Antes de comprar un juguete para tu hijo, es importante tener en cuenta:
Lo que le gusta a nuestro hijo, no es lo que nos gusta a nosotros. Le podremos ofrecer oportunidades donde elegir qué es lo que más le atrae.
La edad de tu hijo será un factor determinante a la hora de la elección.
Las recomendaciones del fabricante del juguete, así como su seguridad.
No fomentar el sexismo a la hora de comprar los juguetes.
La finalidad del juguete por ejemplo si es para jugar solo o con otros.
No porque el juguete sea más caro, será más divertido.

Primer año

Durante este primer año los niños se sienten atraídos por los juguetes coloridos, de diferentes materiales, con distintos sonidos. Serán juguetes atractivos:

- Móviles de colores vistosos y melodías alegres, que le ayudarán a relajarse en la cuna para dormir y a desarrollar la percepción visual y auditiva.
- Lámparas que reflejen luces de colores y formas en movimiento.
- Juguetes y objetos musicales.
- Centros de actividades y mantas con diferentes tactos y sonidos que le permiten desarrollar la percepción visual, táctil y auditiva.

- Muñecos de espuma, goma, trapo y peluches, a través de los cuales tu hijo puede manifestar afectividad y expresión de las emociones, al abrazarlos, besarles, cuidarles...
- Mordedores que calman las molestias dentales y potencian la coordinación ojo-mano-boca.
- Sonajeros. Le proporcionan las primeras experiencias auditivas y táctiles, así como la coordinación del movimiento.
- Juguetes para el baño: los típicos patitos, cubos para llenar de agua y vaciarlos...
- Juguetes con sonido y movimiento.
- Cubos grandes de espuma forrada.
- Pelotas. Con las que se potencia la motricidad.

De 1 a 2 años

En esta etapa son fundamentales los juguetes que desarrollen sus habilidades motoras y la coordinación. Deben ser atractivos, que despierten su curiosidad. Los juguetes, a esta edad, también van a ayudar al niño a entender cómo sus acciones afectan a su entorno, por ejemplo, qué pasa si lanza una pelota.

- Juguetes de madera o plástico para golpear, lanzar, amontonar o encajar.
- Juegos de encajar formas geométricas, que mejorarán las habilidades motrices.
- Juguetes para el agua y la arena. Les encanta manipular diferentes elementos, embadurnarse...
- Correpasillos, balancines y triciclos sin ruedas, coches, motos en las que montarse con el fin de mejorar sus habilidades motoras.
- Colores, ceras o pintura de dedos, ya que empieza a atraerles el dibujo.
- Muñecos y accesorios.
- Libros para niños, con ilustraciones, sonidos, texturas...
- Vehículos y garajes.
- Rompecabezas sencillos, para perfeccionar la coordinación visual-motora.

De 2 a 3 años

Los niños en esta edad sienten predilección por juguetes que sigan desarrollando sus habilidades motrices, que favorezcan la comunicación, las relaciones causa-efecto y la imitación.

- Columpios y toboganes pequeños.
- Palas y cubos.
- Casitas y granjas con personajes.
- Juguetes de imitación, para hacer lo mismo que hacen sus padres: caja de herramientas, cocinitas, kit de limpieza...
- Disfraces sencillos.
- Cabañas.
- Puzzles y rompecabezas.
- Instrumentos musicales.
- Juguetes para apilar y encajar.
- Peluches y muñecos con complementos.
- Vehículos y garajes.
- Plastilina, arcilla.
- Lápices de colores, pinturas.
- Teléfonos de juguete.

De 3 a 6 años

A esta edad el movimiento en el juego es fundamental para el niño. Recordemos que a lo largo de esta etapa el juego se hace cada vez más social. Por lo tanto, los juguetes deben faclitar experiencias, relación, movimiento y estimular la imitación, pero también la expresión de sentimientos y valores como el compartir, colaborar y relacionarse con otros niños y adultos.

- Triciclos, bicicletas, camiones o patines.
- Puzzles de diferentes piezas y mecanos.
- Construcciones para atornillar, de plástico o de madera.
- Construcciones encajables.
- Pizarras.
- Cuentos.
- Muñecos con accesorios o articulados, casas de muñecas.
- Dominós de formas, animales y colores.
- Disfraces, marionetas.

A partir de los 6 años

A partir de esta edad, el juego cada vez imita más la realidad y va abandonando la fantasía de etapas anteriores. Los juegos por los que el niño siente predilección son aquellos que puede hacer en compañía de otros y, sobre todo, que impliquen actividad.

De los 6 a los 8 años:

- Juegos deportivos, pelotas, balones, monopatín, patines, bicicletas…
- Cometas.
- Coches teledirigidos, trenes…
- Juegos de mesa: de preguntas y respuestas, de memoria…
- Futbolines, billares.
- Juegos de experimentos.

De los 9 a los 11 años:

- Bicicletas.
- Mecanos de metal.
- Construcciones complejas, maquetas.
- Juegos de estrategia y reflexión.
- Juegos audiovisuales, electrónicos y videojuegos.
- Disfraces, marionetas.

Recuerda:

Lo importante es el juego, no el juguete.

Una de las mejores formas de relacionarte con tu hijo es a través del juego.

Fomentar el juego es permitir que el niño aprenda.

Tenemos que tener, como padres, recursos para jugar con nuestro hijo. Si no es así, podemos hacernos la siguiente pregunta ¿a qué jugábamos nosotros de pequeños?

Animarles a que creen y tomen sus propias decisiones y que nos las expliquen es una manera de fomentar el juego creativo.

Los cuentos son de gran importancia en la familia. Es un momento que compartes con tu hijo, agradable y relajante. Antes de dormirse es un instante perfecto para esta actividad.

Actitud de los padres

Dedica un tiempo diario a jugar con tu hijo. Un tiempo únicamente para ello. Es más importante la calidad que la cantidad del tiempo.

Conoce los gustos e intereses de tu hijo.

Proporciona a tu hijo los medios necesarios para que el juego sea un momento de disfrute.

Permite a tu hijo que investigue, toque, descubra, experimente.

Si un juguete se estropea, no hay que reponerlo inmediatamente, si no, tu hijo no aprenderá a valorar las cosas.

Reconocer las actitudes apropiadas en el juego (¡qué bien que has esperado tu turno sin protestar!) e ignorar las inapropiadas (si se enfada y lanza los juguetes, podemos retirarle del juego y decirle que cuando se tranquilice puede volver al mismo). Y cuando así sea, le animaremos a que continúe.

INTELIGENCIA EMOCIONAL

El psicólogo norteamericano Daniel Goleman la define como “la capacidad de reconocer nuestros propios sentimientos y los ajenos, de motivarnos y de manejar bien las emociones, en nosotros mismos y en nuestras relaciones”. Abarca aquellas capacidades que nos ayudan a resolver los problemas relacionados con nuestras emociones y las de los demás.

Antaño, la valía intelectual se media por el cociente intelectual. Hoy sabemos que el éxito vital depende en gran medida del manejo que hacemos de nuestras emociones. Por lo tanto, inteligencia e inteligencia emocional son complementarias y ambas aumentan las posibilidades de hacer del niño un ser feliz.

La inteligencia emocional no está determinada por la genética, al contrario que el cociente intelectual, sino que su educación es clave para su desarrollo. Este proceso de educación emocional empieza desde que el niño nace y no termina nunca.

Ser emocionalmente analfabeto es sentir la incapacidad para conectar con las emociones propias y con las de los demás. Algunas de las consecuencias de este analfabetismo emocional son la agresividad, la depresión, la ansiedad, baja autoestima, bajo rendimiento escolar, dificultad para relacionarse con los demás...

La inteligencia emocional es un concepto complejo y algo subjetivo. Para definirlo vamos a ver qué aptitudes engloba, o dicho de otra forma, qué aptitudes tenemos que desarrollar o trabajar para ser emocionalmente inteligentes.

El Autoconocimiento: se trata de reconocer nuestras capacidades, saber quiénes somos y qué nos diferencia del resto, de darnos cuenta de lo que sentimos en cada circunstancia y cuáles son nuestras reacciones. Para ello es necesario saber dar nombre a nuestras emociones y cuando las conocemos controlarlas. Es impensable canalizar la ira si no sabemos identificarla primero.

La Motivación: es la necesidad o el deseo que lleva a la persona a actuar. Puede ser interna o externa. Intentamos al principio enseñar a actuar por motivaciones externas (premios), para que aprendan a proceder por las internas. Por ejemplo, si asociamos el baño al juego el niño disfrutará con la rutina, porque no podemos esperar a que disfrute de estar limpio (motivación interna) hasta más adelante.

La Autoestima: quizás sea la capacidad de la que más hemos oído hablar. Es la valoración que uno tiene de sí mismo, que se establece a través del propio grado de aceptación. A la hora de elaborar este concepto, tiene mucho peso la información que nos devuelve el entorno, es decir ¿cómo nos ven los demás? Lo adecuado es aceptarse, conociendo sus virtudes, pero también sus limitaciones con el fin de intentar mejorarlas "soy muy bueno en

matemáticas, pero el deporte no se me da muy bien". Una sana autoestima es fundamental entre otras cosas para la salud física y psíquica, para el rendimiento escolar, para el desarrollo de las habilidades sociales...

Para definir la autoestima debemos señalar las diferentes dimensiones que la forman:

- Dimensión afectiva: cómo se ve él a sí mismo, si se cree que es simpático, tímido, miedoso...
- Dimensión física: cómo se ve él físicamente: alto, guapo, fuerte, bajito...
- Dimensión social: si se ve capaz de relacionarse con otros niños, o solucionar problemas. Incluye también el sentimiento de pertenencia a un grupo.
- Dimensión académica: cómo se percibe en el ámbito escolar, estudioso, en qué materias es bueno y cuáles necesita mejorar...
- Dimensión familiar: cómo se ve él dentro de la familia.

El Pensamiento positivo u optimismo, o bien la capacidad para ver el vaso medio lleno, hace que confiemos en nuestras capacidades atribuyendo nuestros errores a aspectos mejorables, sin echar la culpa a factores que se escapan de nuestro control o a nosotros mismos. Por

ejemplo, si ante un suspenso pensamos "soy tonto", la próxima vez que nos enfrentemos al examen no confiaremos en nuestras capacidades. Si por el contrario nos decimos "tendría que haber estudiado más" seremos capaces de establecer un plan de estudio y aumentar las opciones de aprobar. Cuando uno piensa de forma positiva actúa en consecuencia, sin embargo cuando aparece el pesimismo es probable que adelantemos consecuencias terroríficas a una situación que todavía no se ha producido ni tenemos datos de que vaya a ocurrir. El niño incorpora el pensamiento positivo principalmente a través de lo que observa, y de cómo reacciona su entorno ante las situaciones.

El Control de impulsos: no se trata de rechazar las emociones o reprimirlas, sino de canalizarlas para conseguir que aparezca la reflexión, es decir, la capacidad para analizar la situación, tomarse su tiempo y dar una respuesta lo más asertiva posible. Enseñarle a controlarse frente a las rabietas será el primer paso para que aprenda a manejar su ira o frustración.

La Autonomía: es la capacidad para actuar sin necesidad de guía externa. Dicho de otro modo, hacerlo por las normas que uno se impone a sí mismo. Aunque el bebé depende de los padres, nuestras actuaciones encaminadas a que se valga por sí mismo (que se vista solo, que juegue solo...), lograrán que cada día sea más independiente. Permitirle que se equivoque, que elija y animarle a probar cosas nuevas, son también factores para desarrollar su autonomía.

La Empatía: o entender las emociones de los demás, no significa ponerse en su lugar, sino escucharle reconociendo sus emociones, haciéndole ver que entendemos su sufrimiento, aunque no estemos de acuerdo con él. Debemos atender sus motivos sin juzgarle, evaluando los comportamientos y actuaciones (nunca las emociones). Es impensable hablar de éxito en las relaciones sociales si no se desarrolla la empatía porque encontraremos un ser frío, distante e incluso insensible. Nunca podremos entender al otro si antes no hemos aprendido a definir nuestras propias emociones.

Solución de conflictos: tener la capacidad de generar alternativas a la hora de tomar decisiones y que sean eficaces para solucionar conflictos, implica saber tomar decisiones, es decir, hacer todo un proceso de evaluación de ventajas e inconvenientes sobre cada opción y llegar a una solución que minimice el daño en el otro y sea satisfactoria para los dos. En esto también los niños aprenden imitando a los padres.

Habilidades de comunicación: habilidades verbales y no verbales (postura, mirada, tono de voz, la forma de respirar, etc.) que sean coherentes entre sí para que el que escucha se crea lo que le cuento. Algunas de estas son: la asertividad, o la capacidad para encajar críticas o hacer cumplidos. Todas ellas, las desarrollaremos con más detalle en el capítulo de relaciones sociales.

APRENDIENDO A SER EMOCIONALMENTE INTELIGENTE

La inteligencia emocional cambia en función de las situaciones a las que nos enfrentamos, de las personas que nos rodean y de cómo nos sentimos en cada momento. Pero las bases sobre las que se desarrolla se crean en la infancia, y tu misión como padre es ayudarles a construirlas. Aprovechando situaciones cotidianas, os proponemos un listado de actuaciones que podéis llevar a cabo con el fin de fomentar las diferentes capacidades que integran la inteligencia emocional. Recordad que este aprendizaje durará a lo largo de toda nuestra vida.

- Cuéntale cómo se encuentra "Parece que estás triste, ¿es así?".
- No juzgues sus emociones, ni las minimices. En lugar de decirle "no llores, no es para tanto" intenta comprender por qué se siente así "veo que estas triste, cuéntame lo que te ha ocurrido".
- Nárrale cómo nos sentimos nosotros "tienes la cara de haber pasado vergüenza, a mí en cambio me produce mucho orgullo que hayas preguntado el nombre a los niños" y/o relaciónalo con las consecuencias a su comportamiento "cuando tú haces... yo me siento...".
- Busca imágenes con las caras de distintas emociones para que las imi-

te y ponga nombre. Aprovecha las películas para hablar de las emociones del personaje, y luego pídele que te cuente cuándo se siente así y por qué.

- Ante una rabieta, por ejemplo, hazle referencia siempre a su emoción: "se que estás enfadado pero no voy a comprarte...".
- Le podemos explicar que las emociones son un monstruo que crece dentro cuando uno no cuenta lo que le pasa. Si habla de ellas el monstruo cada vez se hace más pequeño hasta que desaparece.
- Haced un listado con las cosas que le gustan, que le disgustan, las que le cuestan... de modo que luego se le premie con las cosas que le gustan cuando haga algo que le cuesta.
- Foméntale que tome iniciativas y permite que se equivoque. Dale experiencias en las que aparezca cierta frustración y logros que festejarás junto a él.
- Mantén límites y rutinas firmes y claros.
- Trata de demorar el deseo poniéndole plazos a los premios "podrás ir a la piscina, cuando hayas terminado los deberes".
- Evita críticas destructivas y/o sobre su persona "eres un desobediente" y evita también compararle con los demás, ¡Él es único!
- Dale tareas y responsabilidades en función de sus capacidades. Al principio las realizaremos con él para poco a poco retirarnos. Podemos incluir la posibilidad de elegir entre diferentes opciones "¿qué prefieres, ponerte las zapatillas blancas o las rojas?".
- El paso previo para que se motive pasa por poner mucho énfasis en las tareas que debe realizar.
- Anímale a que emprenda nuevas tareas, premia su esfuerzo y no el resultado "venga, tú te vas poniendo los calcetines solo mientras yo preparo tu desayuno favorito", "te está saliendo francamente bien", "vaya, vaya, enhorabuena, ya sabes vestirte solo". "Recuerda lo que te digo siempre y cuéntatelo a ti mismo" sería el último paso.
- Hazle ver la diferencia entre los pensamientos positivos y negativos. Si nos dice "todo me sale mal, nunca juego bien", le responderemos "este no ha sido tu mejor partido, pero el sábado pasado, corriste mucho, participaste más y marcaste gol. Si sigues esforzándote en el entrenamiento, mejorarás".
- Aprovecha cualquier situación donde aparezcan personas emociona-

das (película, fiesta, pelea...), y establece un diálogo con tu hijo en el que pueda dar respuesta a las siguientes preguntas: ¿cómo crees que se siente?, ¿por qué crees que se siente así?, ¿cómo ha hecho para resolverlo?, ¿alguna vez te ha pasado algo parecido?

- El esquema de la técnica de resolución de conflictos del mono Bruno, que desarrollamos en el capítulo "Agresividad" (página 102) puede servirte para enseñar a tu hijo a solucionar los diferentes problemas con los que se encuentre.
- Facilítale situaciones en las que tenga que decidir "¿qué te gustaría hacer el fin de semana?", "¿qué te apetece cenar: tortilla o pollo?". Hasta los 4 años no conviene que tenga más de dos opciones para elegir.

JUEGOS PARA FOMENTAR LA INTELIGENCIA EMOCIONAL Y LA AUTOESTIMA

Os proponemos algunos ejercicios o juegos sencillos que pueden ayudar a fomentar algunas de las capacidades que conforman la inteligencia emocional.

La puerta de las emociones

Se trata de ayudar al niño a identificar las emociones. Para ello buscaremos fotos en revistas, o bien dibujaremos personas que expresen algunas de las siguientes emociones: alegría, tristeza, risa, llanto, susto, miedo, enfado, sorpresa...

Una vez identificadas le podremos pedir que cada vez que se sienta de alguna de esas maneras, vaya corriendo a por la foto, la pegue en la puerta de su habitación y la diga en voz alta "estoy contento", por ejemplo. Este será el momento de reconocer su esfuerzo. Sin olvidarse de pedirle que cambie el dibujo de la puerta cada vez que lo haga su emoción. Tú también puedes participar en el juego y poner en la puerta de tu habitación cómo te sientes ante sus comportamientos.

El semáforo

El objetivo del juego es que el niño aprenda a controlar sus impulsos y que pare y reflexione antes de actuar. Para ello, el primer paso es construir un semáforo que pondremos en su habitación y, cada vez que se sienta desbordado por la emoción, le llevaremos hasta el semáforo y le recordaremos qué significa cada color:

- Rojo: "igual que te quedas quieto y no cruzas la calle, párate y piensa qué te ocurre".
- Amarillo: "tienes que esperar todavía a que esté verde. Decide qué vas a hacer y piensa qué pasará cuando lo hagas".
- Verde: "ya puedes pasar. Lleva a cabo tu plan para resolver tu problema, y luego cuéntame qué tal te ha ido".

Aunque al principio nos necesite para guiarle a lo largo del juego del semáforo, con el tiempo y la práctica, únicamente le tendremos que recordar: "ve a tu habitación y mira el semáforo", y con más tiempo tu hijo ya habrá aprendido a reaccionar de forma reflexiva cuando, por ejemplo, se enfade.

La merienda

Invitamos a merendar a varios niños a casa, para los que preparamos una suculenta merienda que se queda un poco escasa (por ejemplo que haya solo tres bebidas para cinco). El juego consiste en que los niños lleguen a acuerdos entre ellos y que busquen soluciones "qué podemos hacer... Solo tenemos tres refrescos y sois cinco".

Con esta actividad trabajaremos la solución de conflictos, a través de la búsqueda de soluciones para llegar a acuerdos.

Diplomas

Para trasmitirle a tu hijo las cosas que sabe hacer y que le diferencian de los demás, podemos elegir aquellas que ha aprendido recientemente o que queremos fomentar para que siga haciéndolas. Por ejemplo poner la mesa, recoger los juguetes, ayudar con los hermanos...

Cuando haya realizado la actividad con cierta asiduidad, le haremos un bonito diploma que pondremos en un lugar visible de la casa **"A Juan, el mejor camarero que esta familia ha tenido hasta hoy".**

Pilla al otro haciendo algo que te guste

Se trata de poner una cartulina en un lugar común de la casa, con el nombre o foto de cada uno de los miembros de la familia. En el momento en el que alguien diga algo agradable del otro, irá y se apuntará un tanto en la cartulina,"bien, te pillé poniendo la mesa, eres un campeón, me apunto un

punto", "qué comida más buena que has hecho, voy a ponerme una carita".

El objetivo del juego es fomentar la comunicación positiva en la familia.

Otras variables que podemos hacer de este juego son: "los elogios". En un momento distendido del día (por ejemplo, después de cenar) nos sentamos toda la familia a decirnos los unos a los otros lo que nos gusta de los demás, o bien nos centramos en las cosas que han hecho los demás y que nos han gustado ("mamá, me ha gustado la merienda que me has preparado hoy", "a mí me ha gustado lo rápido que has recogido hoy tu habitación.").

Recuerda:

El niño se comporta de acuerdo con el concepto que tenga de sí mismo. A la hora de elaborar su autoconcepto tendrá mucho peso lo que los otros (tú, entre ellos) piensen de él.

Tu hijo aprende a expresar sus emociones al ver cómo tú y los demás adultos que se relacionan con él lo hacen.

Desarrollar la inteligencia emocional es un proceso largo que requiere perseverancia por parte de los padres.

Atender lo que el niño cuenta, mirándole, asintiendo, y sin hacer ninguna otra cosa, se llama escucha activa, con ella le trasmites a tu hijo "lo que te pasa es importante, porque me interesa".

Las personas inteligentes emocionalmente tendrán más éxito en las relaciones de pareja, relaciones con los demás y en las relaciones laborales.

Actitud de los padres

Las emociones también se educan. El niño tiene que aprender a observar y tomar conciencia de las suyas.

Las críticas constantes, el no dejarles actuar solos, las comparaciones con otros, la indiferencia o el exigirles demasiado para su edad, son actitudes que pueden debilitar considerablemente la autoestima de los niños.

En cambio, con las siguientes actitudes, les ayudaremos a desarrollar una sana autoestima: permitiremos que sean independientes; reforzaremos las cosas que hacen bien; evitaremos los insultos, reproches o descalificaciones; estableceremos límites claros, así como las consecuencias que se derivan de estos; pasaremos tiempo con nuestros hijos, valoraremos sus ideas, les animaremos y enseñaremos que cometer errores es algo normal que hacemos todos y que aprendemos de ellos.

S
O
C

I
A
L

Desarrollar el área social en el niño es fundamental porque vivimos en relación constante con el medio y los demás, así nos adecuamos a las normas que rigen la sociedad para posibilitar la convivencia. Los padres, conscientes de los beneficios personales que obtiene el niño, invierten mucho esfuerzo en desarrollar este proceso que llamamos socialización.

Para conseguir una adecuada inserción en la vida social el niño necesita aprender habilidades sociales eficaces. Siempre habrá un momento en el que necesitaremos iniciar y mantener una conversación, decir que no a alguien, hacer un cumplido o una crítica. Del mismo modo que tendremos que saber qué hacer cuando alguien se queje de nuestro comportamiento, nos pida un favor o nos halague. Cómo superamos estas situaciones, nos hace más o menos eficaces socialmente. Aprender habilidades sociales aumenta la probabilidad de que la persona tenga éxito social. Establecer relaciones nos hace más felices.

La familia y el colegio son los primeros sitios donde el niño encuentra situaciones de relación que resolver, en ambos casos le devolverán una imagen de sí mismo que estará directamente relacionada con el desarrollo de su autoestima. Pertenecer a una familia, a un grupo de amigos o a una institución nos diferencia del resto y nos permite identificarnos con otros por similitud, ambas sensaciones son necesarias también para el niño. Esa será la función que cumpla el grupo de amigos más adelante. Llegada una edad, los hijos quieren sentirse incluidos en un entorno distinto del de sus padres, ser independientes. Pertenecer a un grupo de iguales le permite tomar decisiones, definir gustos, o tener experiencias donde desenvolverse solo utilizando sus habilidades sociales. Es entonces cuando será capaz de defender sus derechos o no, es ahora cuando se mostrará como una persona asertiva o no y para eso, aunque aparentemente reniegue de ello, necesitará recurrir a todo lo que aprendió en su casa.

Los rápidos cambios sociales, muchos y en muy poco tiempo, han supuesto un esfuerzo a la hora de educar. Los adultos hemos tenido que adaptarnos a ellos rápidamente así como a educar a nuestros hijos para que los asimilen.

El cambio es un proceso presente constantemente en nuestras vidas, históricamente nos ha acompañado siempre. La diferencia es que en la actualidad se produce a una velocidad vertiginosa. Cuando nos vemos inmersos en un proceso de cambio es esperable que sintamos mucha incertidumbre al principio y como consecuencia vivamos con estrés la situación, porque produce cierto vértigo pensar qué vendrá después. Cualquier situación nueva necesita un período de adaptación y superarla nos fortalece porque independientemente del resultado nos ayuda a aprender que somos capaces de enfrentarlo. Piensa en la compra de tu casa, primero tomaste la decisión, luego tuviste que elegirla, después gestionar la hipoteca, y por último hacer la mudan-

za. Durante el proceso es posible que pienses: "para qué me habré metido en este follón, ¿estaré acertando en la elección de la casa, podré pagar la letra de la hipoteca?". Solo cuando pasado un tiempo te sientes en el sofá del salón, disfrutarás de tu cambio y además estarás preparado para otro similar. Si tú lo viviste así, imagina cómo se siente el niño.

Hay cambios puntuales que han existido siempre, la llegada de un hermano, un nuevo domicilio o cole, o la muerte de seres queridos. Otros, llevamos haciéndolo algún tiempo como la separación o el divorcio y algunos suponen enfrentar nuevas situaciones educativas como las tecnologías o la redefinición del papel que juegan los abuelos en la educación de nuestros hijos. Enfrentar cualquiera de ellos nos capacita para resolver los que vengan detrás.

Relaciones sociales y cambios están estrechamente conectados. Necesitamos comunicarnos en cualquier situación, sobre todo si el entorno nos obliga a ello. ¿Cómo explicar a tu hijo que os cambiáis de domicilio, que sus padres se van a separar que su abuela ha muerto, o que convivirá con los hijos de tu segunda pareja? Y sobre todo ¿cómo saber que lo entiende, lo asimila y más allá de la incertidumbre que le genera al principio es capaz de adaptarse a estas situaciones? Una de las variables que más te ayudarán será tener habilidades sociales suficientes como para convertirte en modelo a imitar para tu hijo.

El cómo hacerlo te lo iremos descubriendo en este capítulo.

Recuerda:

Las relaciones sociales dependen de las habilidades sociales que se tengan. El niño puede aprenderlas si tú se las enseñas. La persona que se relaciona adecuadamente se siente más feliz.

Cuando surgen dificultades y las estrategias de solución no son válidas no hay que dudar en visitar a un especialista. El éxito social de tu hijo depende de ello.

Un cambio genera incertidumbre pero preocuparnos en exceso por lo que traerá solo conseguirá que aumente nuestra ansiedad y seamos menos resolutivos.

Cada cambio requiere de un proceso de adaptación que será más o menos largo en función de la situación, cómo lo hacemos y las características del niño.

Los niños afrontarán los cambios que se les presenten en el futuro y en función de cómo lo hayan hecho la primera vez.

Tengamos en cuenta las necesidades del niño al introducir un cambio en su vida, compartamos con él las decisiones ya tomadas, expliquemos las razones por las que se produce y las ventajas que podrá encontrar en la nueva situación. Esperemos que las acepte y acompañémosle en el período de adaptación, pero no dejemos que decidan por nosotros. Mantener límites es fundamental para la seguridad del niño en este momento.

Cuando no se aprende a adaptarse a los cambios ni a la sociedad se pueden producir trastornos que necesitan de la intervención de un profesional para su resolución: trastorno de adaptación, el estrés postraumático, la fobia social o trastorno adaptativo son algunos de ellos.

EL DESARROLLO SOCIAL DEL NIÑO

Todos nos relacionamos. Conforme vamos creciendo, va mejorando nuestra capacidad para hacerlo.

Durante el primer año de vida: el niño se relaciona fundamentalmente con el objetivo de ver cubiertas sus necesidades básicas. En torno a los 3 meses, el bebé ya sonríe a la gente y disfruta de los juegos y compañía de los demás, puede incluso llegar a imitar nuestros gestos o muecas. Poco a poco va mostrando preferencia por algunas personas de su entorno, en especial sus padres y hermanos. Entre los 6 y 12 meses el niño puede no querer ir con personas poco familiares para él. También en torno al año, se dan preferencias por figuras familiares y mantiene una marcada predilección bien por la madre o por el padre.

Hasta los 2 años: el mundo social del niño va aumentando progresivamente. A partir del año y medio se empieza a interesar por las relaciones con sus iguales. Es un buen momento para facilitarles espacios en los que se pueda relacionar con otros niños: llevarlo al parque, ir a casa de otros niños... A esta edad el juego todavía no es grupal, cada uno juega con su juguete aunque esté en grupo. En esta etapa pueden empezar a surgir las peleas entre ellos por quién juega con qué juguete. Podemos aprovechar para enseñarles a resolver estos conflictos.

Hasta los 6 años: entre los 3 y los 4 años aumenta la atracción por el mundo social, tienen en cuenta las opiniones e intereses de los demás. Empiezan a tener protagonismo los amigos, comienzan a hablarnos de ellos, los llaman por su nombre. Las relaciones están marcadas por las peleas y discusiones, que tendrán que aprender a solucionar.

En el colegio: a partir de los 6 años, las relaciones sociales adquieren mayor protagonismo. Disfrutan del grupo y eligen a sus amigos por los intereses comunes. Aunque el grupo de amigos a esta edad varía mucho, cerca de los 9-10 años se van haciendo cada vez más estables y, a algunos de ellos, empiezan a considerarlos como "verdaderos".

En la adolescencia: a esta edad las relaciones sociales y los amigos son lo más importante en la vida del joven. Se unen según intereses, motivaciones e ideologías, y en muchas ocasiones son los mismos amigos que le han acompañado desde el colegio.

Las relaciones sociales cambian en función de los intereses. Cuando el joven se convierte en adulto utilizará estas habilidades aprendidas en la infancia, por ejemplo, en su relación de pareja o en sus relaciones laborales.

RELACIONES SOCIALES

Al vivir en sociedad nos pasamos la vida relacionándonos, así que aprender a hacerlo adecuadamente merece la pena por la cantidad de beneficios personales que nos aporta.

Las competencias que nos hacen establecer relaciones con éxito se llaman habilidades sociales y el niño las adquiere primero en la familia, y luego en el colegio, a través de los amigos o con cualquier persona con la que se relacione.

Las aprenden:

- Por imitación a los padres, a los amigos o a cualquier persona que se relacione con él.
- Porque se les señala cómo hacerlo: "di perdón", "cuéntale cómo te llamas", "pregunta de dónde es".
- Reforzando aquellas que aparecen en determinadas situaciones y son útiles "qué bien usas los cubiertos", "cuando me cuentas algo y luego me escuchas nos entendemos mejor".
- Y enfrentando situaciones de relación con los demás en las que se desenvuelva solo, sin solucionárselo nosotros.

Las habilidades sociales ayudan al niño a adaptarse a la sociedad. Podemos describir tres tipos de comportamientos en los que las experiencias vividas en casa tienen un peso importante: el pasivo, el agresivo y el asertivo. Una educación muy autoritaria o muy laxa favorecerían los dos primeros. Los padres que premian sus logros, reprimen los comportamientos negativos y desarrollan su competencia social, favorecerían la actitud asertiva.

Ten en cuenta que:

Tendrás que adaptar los ejercicios que te proponemos a la edad de tu hijo y sus capacidades.

Tendrás que planificar el trabajo. Empieza por aquellas capacidades donde tu hijo vaya a obtener éxito. Una buena metodología es hacerlo tú primero, ensayarlo con él y pedirle que lo haga en distintas situaciones.

APRENDIENDO A RELACIONARNOS

Ya sabemos que es imprescindible relacionarse con otros, así que a lo largo de este capítulo te presentaremos una forma de enseñarle a tu hijo cómo hacerlo eficazmente.

Empezaremos contándole **qué son y para qué sirven las habilidades sociales.**

Hay niños a los que les es difícil relacionarse con los demás. A algunos les cuesta presentarse o no saben de qué hablar con los amigos, otros no saben cómo pedir un favor, y los hay que son muy mandones. Todos pueden aprender a relacionarse mejor, si se les enseña cómo hacerlo.

LOS DERECHOS PERSONALES

¿Has visto alguna vez lo que ocurre si alguien roba en una tienda?, la policía lo detiene porque protege los derechos del dueño, del mismo modo que nos protege a todos.

Los derechos personales son de otro tipo, pero funcionan igual. Tú eres el encargado de defender tus derechos, como el policía, pero también tienes que respetar los de los demás. ¿Te gustaría saber cuáles son?

- Expresar lo que pensamos, cómo nos sentimos y que los demás lo respeten. Nosotros tendremos que hacer lo mismo con los demás y estaremos atentos a cómo actuamos para no hacerles daño.
- Hacer cosas sin tener que explicar por qué.
- Cambiar de opinión. A veces, te puede apetecer hacer algo y luego no.
- Pedir lo que necesitamos o queremos. A veces lo conseguirás y otras no, pero siempre hay que intentarlo. Si no lo decimos, no podrán ayudarnos, porque no existen los adivinos.
- Equivocarnos sin echarle la culpa a otras personas. Si me equivoco, yo soy el responsable.
- Tener opiniones distintas de las de nuestros amigos y mantenerlas.
- Decidir si queremos ayudar a solucionar el problema de otros o no.
- Decir NO cuando nos piden algo que creemos que no debemos hacer. Puedes negarte a quitarle el bocadillo a tu amigo aunque todos lo hagan. No está bien negarte a recoger tu habitación. Es algo que aunque te cueste, sabes que tienes que hacer. También tenemos derecho a decir "no me importa" o "no lo sé" cuando lo sentimos así.

Mucha gente piensa que hay que ser perfecto, tus derechos sin embargo defienden que no te importa no serlo.

LA COMUNICACIÓN NO VERBAL

Los gestos que hacemos, el volumen de nuestra voz, la sonrisa, la mirada, la postura acompañan lo que decimos y nos ayudan a entender lo que nos cuentan los demás sin palabras.

Cuando dices que estás contento sonríes y si mamá pone cara seria mientras te regaña, entiendes que está enfadada. Pero si tu amigo te dijera que lo ha pasado muy bien en tu fiesta llorando, no te lo creerías porque cuando la comunicación no verbal y lo que uno dice no están de acuerdo, sabemos que algo pasa y no nos fiamos de lo que nos cuentan.

Si quieres ser claro y que la gente entienda lo que quieres decir, tendrás que aprender muchas de ellas. Te resumimos las más importantes:

La mirada: cuando miramos, le decimos al otro que nos interesa lo que nos cuenta. Si miramos fijamente estará incómodo y si no lo hacemos creerá que no le estamos escuchando.

- Los gestos de la cara muestran cómo nos sentimos. Basta con buscar en una revista fotos de gente para, según la cara que ponen, ver cómo se sienten.
- La distancia: cuando alguien nos habla muy cerca, nos hace estar incómodos y si está muy lejos, tenemos que gritarnos. Haz un círculo con tus brazos y respeta esa distancia cuando vayas a hablar con alguien.
- El volumen de la voz: cuando es muy bajo, apenas escuchamos lo que nos dicen, y si es muy alto puede molestar o parecer algo agresivo.
- Hay señales que le dicen al otro que le estamos escuchando: decir que sí de vez en cuando con la cabeza, parar de hablar y dejar que lo haga el otro, así como no decir las cosas ni muy despacio ni muy deprisa.

Hay infinidad de señales que poco a poco podrás ir aprendiendo y utilizando para que se entienda bien lo que quieres decir. Un buen ejercicio es ver la tele sin volumen y observar las personas que salen en ella.

Para usar las señales no verbales de forma adecuada recuerda que:

- Hay que mirar a la cara cuando hablamos y también cuando nos hablan.
- Utilizar un tono de voz adecuado.
- Sonreír.
- Estar cerca pero no invadir el espacio del otro.
- Realizar gestos con la cara.

LA ASERTIVIDAD

Un niño es asertivo cuando conoce sus derechos y sabe defenderlos teniendo en cuenta cómo se sienten los demás.

Para entenderlo imagina que eres el delfín asertivo:

Piensa en un pequeño hámster, un monstruo grande y un delfín valiente y justo.

Hay niños que obedecen lo que los demás les dicen sin rechistar porque les da miedo decir lo que piensan o no saben decir que no. Se parecen a un hámster porque no hacen ruido, casi no se les oye cuando hablan, no miran a la cara y casi siempre ponen el mismo gesto.

Hay niños muy mandones que siempre quieren salirse con la suya sin importarles lo que quieren los demás. No les importa gritarles, pegarles o reírse de ellos. Son como monstruos, casi siempre están enfadados y protestando, no respetan a los demás, hablan fuerte o gritan y se ponen en jarras o señalan amenazando con el dedo.

Hay otros niños que como el delfín son grandes pero no asustan, porque respetan las opiniones y gustos del otro. Estos niños son valientes pero no dan miedo, utilizan un tono claro y expresivo, miran a la cara y sonríen y hacen gestos que nos aclaran lo que dicen.

Puedes elegir ser hámster, monstruo o delfín, pero tienes que conocer lo que suele ocurrirle a cada uno.

Hay habilidades sociales específicas que si las entrenamos con papá y mamá nos ayudarán a convertirnos en el delfín asertivo.

Cuando somos hámsteres o monstruos:
Nos cuesta hacer amigos, nos sentimos más solos.
Nos perdemos muchas cosas divertidas.
Nos cuesta conseguir lo que nos proponemos.

Cuando aprendemos a ser delfines:
Hacemos amigos más fácilmente, caemos mejor y eso nos hace estar felices.
Podemos hacer más cosas divertidas.
Comprendemos mejor a los demás.
Nos salen mejor las cosas que nos proponemos.

PEDIR LO QUE NECESITAMOS O QUEREMOS

Ya sabemos que es un derecho y, si lo pedimos, los demás sabrán lo que queremos pero, cómo hacerlo. Acuérdate que no siempre obtendremos lo que deseamos y que lo importante es intentarlo.

- Primero tendrás que pensar lo que quieres pedir y a quién. No lo hagas si ves que la otra persona está ocupada o cansada o no puede atenderte. Espera un poco a que llegue el momento adecuado para que escuchen tu petición.
- Podemos empezar con una pregunta "¿puedo?, ¿me dejarías?, ¿crees que podrías ayudarme?".
- Mirando a la cara al otro y con un tono tranquilo pero de forma clara y directa "...jugar un rato más en el parque?, ...jugar al fútbol contigo?,

...a encontrar la tienda que busco?" y acaba siempre tu frase con un por favor.

- Si lo consigues, no te olvides de dar las gracias sonriendo.
- Cuantos más favores hagamos a los demás, más probabilidades tendremos de que nos los hagan a nosotros.

INICIAR Y MANTENER UNA CONVERSACIÓN

Conversar es hablar con una o más personas y lo hacemos continuamente. A veces la conversación es corta, otras más larga. Con cada persona hablamos de cosas distintas. A los amigos les contamos cosas diferentes que a los padres. En las conversaciones relatamos cosas y escuchamos las que nos cuentan y así nos intercambiamos información.

El delfín asertivo sabe que conversar es divertido y nos ayuda a conocer gente nueva y a aprender cosas interesantes. Al igual que él, tendrás que ensayar para hacerlo adecuadamente, sobre todo cuando las personas con las que vayas a charlar no sean muy conocidas.

- Para empezar, tendrás que saludar: si dices *hola* sonriendo y te ayudas de la mano para hacer el gesto, probablemente el otro se fijará en ti.

- Hay algunos trucos para seguir entablando la conversación que puedes utilizar:
  - Tenemos tendencia a contestar cuando nos preguntan, así que empieza diciendo qué, cómo, cuándo, dónde y por qué. Una pregunta tipo "¿qué estás haciendo?" no se puede contestar simplemente con un sí o un no, sino que requiere entablar una conversación.
  - Otras veces puedes contar cosas tuyas sin esperar a que te las pregunten "hola, he visto que estás con el juego de la videoconsola que me gustaría comprar y quería preguntarte dónde lo has conseguido".
  - Otras veces te preguntarán a ti y entonces tendrás que contestar.
  - El último truco será sacar algunos temas que puedan interesar a la gente con la que estás charlando. Ten en cuenta que dependiendo de la confianza que tengas con las personas, hablarás de unos temas u otros. Si conoces los gustos del grupo con el que estás, hablar de ellos te ayudará a conseguir tu objetivo.
- Cuando decidas qué truco usar, acuérdate de utilizar un tono de voz agradable, ni muy alto ni muy bajo, y de acercarte y mirar al otro para que sienta que os estáis escuchando.
- Despídete con una sonrisa cuando termines de hablar "adiós", "hasta otro día", "hasta luego".

COMPARTIR Y COLABORAR

Cuando compartes y colaboras te pareces al delfín asertivo. Primero tendrás que entender en qué consiste cada una de ellas:

- Tenemos cosas que son nuestras y que alguien puede necesitar, cuando se las prestamos o se las ofrecemos estamos compartiendo. Pero también compartimos cosas que no lo son, como el friegaplatos en casa o el recreo con los compañeros del cole.
- Cuando hacemos cosas entre varios estamos colaborando, puede ser recogiendo la mesa en casa o haciendo un trabajo con los compañeros del cole. Para colaborar, a veces te lo piden y otras puedes ofrecerte tú, como cuando le preguntas a tu vecina que viene cargada si le ayudas a llevar las bolsas.

El delfín asertivo te cuenta que:

- Si compartes probablemente los demás compartirán contigo.
- Si ayudas a otros es probable que te ayuden a tí en otra ocasión.
- Te sentirás bien cuando ayudes.
- Las cosas entre varios cuesta menos hacerlas.

Y te enseña a hacerlo:

- Fíjate en los que tienen algún problema y ofréceles tu ayuda. Sé directo y amable "veo que te falta un lápiz ¿quieres este? tengo dos".
- Presta tu ayuda a quien te la pide "mañana tengo entrenamiento y se me ha pinchado la pelota, ¿me prestas la tuya?". "Sí claro".
- Participa en las tareas u ofrécete a colaborar "mamá, he terminado con los deberes ¿quieres que te ayude a hacer la cena?".

HACER Y RECIBIR CUMPLIDOS

A todos nos gusta que nos digan cosas agradables, pero hay niños que no lo hacen nunca y otros que cuando los reciben no saben dar las gracias. El delfín asertivo se pone muy contento, dice gracias y suele contestar con otro "qué bien nadas", "gracias, y tú que saltos más altos das". De este modo consigue que vuelvan a decirle lo bien que lo hace y se siente feliz.

Cuando tiene que hacer un cumplido, el delfín asertivo:

- Habla de lo que a los demás se les da bien hacer o de su aspecto físico.
- Lo que dice, lo piensa de verdad.
- No lo utiliza si está discutiendo o en medio de una regañina de sus padres.
- Lo dice cerca del que lo escucha y el tono de voz expresa a veces sorpresa y otras alegría.

Siempre hay algo que nos gusta de papá, mamá, los hermanos, amigos, vecinos o profesores y cuando se lo decimos les gusta igual que cuando nos lo dicen a nosotros.

EXPRESAR Y ACEPTAR QUEJAS

Cuando algo nos molesta nos quejamos, a veces porque te duele algo, porque tenemos una piedrecita en el zapato y otras porque alguien no nos deja atender a la tele...

Para algunos niños es difícil decir lo que les molesta, sobre todo, cuando se trata de algo que hacen los demás. Como cuando prestas algo y te lo devuelven estropeado o algún amigo llega tarde a la cita y tienes que esperarle. Si no decimos lo que no nos gusta, no lo sabrá y no podremos ponerle remedio.

El delfín asertivo hace críticas cuando son necesarias, pero no está todo el día quejándose porque sabe que entonces resultaría pesado para los demás y no le tomarían en serio.

Cuando el delfín asertivo quiere quejarse suele:

- Decir lo que piensa sin hacer burlas o acusaciones que puedan hacer daño a quien lo escucha, porque lo que quiere es que sepan lo que le molesta.
- Contarlo en primera persona "cuando te presté mi coche llevaba dentro el conductor y ahora no", "sí, perdona, he debido dejármelo en casa".
- Sugiere una posible solución o petición "intenta traérmelo lo antes que puedas porque sino, no puedo jugar a las carreras".
- Lo hará sonriendo y con tono amable.

Cuando se quejan de su comportamiento el delfín asertivo debe:

- Escuchar lo que le dicen, o no sabrá lo que disgusta de él a otros y tampoco podrá mejorarlo. "Hablas muy alto por teléfono y no puedo concentrarme", le puede decir su hermano.
- Pedir que le aclaren todo lo que no entiende. "No entiendo por qué te molesto si estás mirando el ordenador", "estoy revisando unas tareas para el examen de mañana".
- Disculparse. "Lo siento".
- Intenta buscar una solución, "cuelgo y avísame cuando acabes para volver a llamar".

Actitud de los padres

Permitirle seguir su ritmo y atender a sus características personales. No todos tenemos que ser simpatiquísimos o tener muchos amigos, los hay poco conversadores o que eligen tener pocos amigos. No forcemos, pero sí reforcemos sus capacidades.

Facilitarle experiencias donde tenga que poner en marcha habilidades sociales, impulsando sus capacidades y celebrando sus logros.

Abandonar las etiquetas "es que es muy tímido, es que es muy bruto"y las críticas del tipo "eres un pegón" "¿no puedes ni preguntar el nombre del niño?".

No le pidas que haga lo que tú no haces. Utiliza el gracias y el por favor. Respeta que no quiera escucharte en ese momento y permite que se equivoque sin criticarle. Aplícate, y pon en práctica cada una de las habilidades que te describimos en este capítulo.

Recuerda:

El éxito social está estrechamente relacionado con la conducta socialmente habilidosa e influye directamente en la autoestima, autoconcepto, autocontrol y estilo de comunicación.

Las habilidades sociales son el conjunto de comportamientos que emitimos cuando nos relacionamos y son exitosas si consiguen que expresemos sentimientos, opiniones o actitudes en las distintas situaciones, respetando a los demás y minimizando el daño que pueda producirles esta circunstancia.

Se inician desde el nacimiento. El aprendizaje se amplía a lo largo de toda la vida.

La falta de habilidades sociales predispone al rechazo social, dificulta la expresión de los sentimientos e impide entender los de los demás. Provoca, en muchos casos, ansiedad y depresión llegando incluso a desarrollar fobia social o trastorno antisocial.

CAMBIOS

Nos referimos a aquellas situaciones que varían las condiciones de lo cotidiano. Los cambios que ocurren en la familia afectan a todos los miembros y, por tanto, a los hijos. Es labor de los padres enseñar a los niños a enfrentarlos.

Los cambios pueden ser impuestos o elegidos, pero eso no varía la forma de enfrentarlos. La vida está llena de elllos y cuando los resolvemos con miedo no nos permiten avanzar. Si nos lo planteamos como nuevos retos de superación, nos aportarán elementos positivos. A todos nos generan incertidumbre y vivimos con angustia el proceso. De cómo lo hagamos dependerá que nos adaptemos a una sociedad que cambia y se transforma rápidamente.

Hay situaciones nuevas en la estructura social que han generado cambios educativos: las nuevas tecnologías, el papel de los abuelos como educadores o los nuevos tipos de familia. Otros ya los conocemos: mudanzas de casa, un colegio nuevo, la llegada de un hermano, la muerte de un ser querido o la separación y divorcio. Tu hijo aprenderá a adaptarse a ellos viendo cómo lo haces tú.

El niño vive con angustia cada cambio porque no sabe si lo que vendrá con él le resultará positivo o no.

Es normal que el niño se oponga a los cambios, que minan su seguridad. Como nos pasa a los adultos, sienten la angustia de no saber qué va a pasar con sus cosas, sus amigos, en definitiva con todo lo que forma su pequeño y seguro mundo. Por eso es imprescindible que los adultos le contemos con serenidad que el cambio se va a producir, entendiendo su miedo, su oposición y respetando el tiempo que necesita para adaptarse a la nueva situación. No podemos olvidar que los padres serán el modelo a imitar a la hora de afrontar cualquier cambio que vaya a llevar a cabo en su vida: de cole, de pandilla, de sitio de veraneo. De lo que aprenda en esta etapa, dependerá en gran medida cómo resuelva los cambios posteriores: de trabajo, de pareja o la llegada de su hijo, entre otros.

APRENDIENDO A ADAPTARSE

Como hemos visto, los cambios están presentes en el día a día, generan incertidumbre y en ocasiones cierta ansiedad o incluso miedo a lo que nos deparará. Se requiere de un período de adaptación, en el que aprendemos que todos somos capaces de hacerles frente. Los niños también han de adaptarse a estos cambios, pero no saben cómo hacerlo. Tenemos que servirles de modelo, ¿qué les contamos?, ¿cómo lo hacemos?, ¿cómo les ayudamos a afrontarlos?

Tres puntos importantes:

Establecer un plan de acción que contemple el antes, el durante y el después de cada cambio.

Elaborar qué y cómo se lo contamos.

La edad del niño: hasta los 2 años cualquier cambio se hace más llevadero, a partir de los 3, piden explicaciones a las que hay que dar respuesta.

Nuevas tecnologías

Las **nuevas tecnologías** son una de estas nuevas situaciones a las que se hace frente en las familias: los videojuegos, los ordenadores, la televisión... en muchos casos conoceremos este mundo a través de los hijos, por lo tanto se da, por primera vez en lo educativo, una situación en la que tu hijo sabe más que tú de un tema. Esto genera incertidumbre en los adultos y en ocasiones rechazo por lo desconocido. Quizás tengamos que aprender nosotros con ellos, puesto que prohibir no parece la solución. El uso y manejo de las nuevas tecnologías hoy en día es indispensable para desenvolverse en la sociedad. Los niños aprenden a utilizarlas a través de los videojuegos. Esta es una de las ventajas destacables de su uso. En el siguiente cuadro hacemos un resumen de las ventajas e inconvenientes para el niño:

VENTAJAS del USO de las nuevas tecnologías	CONSECUENCIAS del MAL USO de las nuevas tecnologías.
Aumento de la capacidad de razonamiento.	Aislamiento social.
Aumentan la capacidad de focalizar la atención (concentración) y la memoria.	Miedo, pesadillas, terrores nocturnos...
Aprenden a tomar decisiones y a solucionar problemas.	Hasta los 8 años, confunde ficción y realidad, por lo que pueden imitar lo que ven.
Potencian las relaciones sociales.	Disminución del tiempo dedicado a las rutinas.
Mejora los reflejos y el desarrollo visomotor.	Afectación de sus habilidades sociales.
Desarrollan la imaginación y la creatividad.	
Fomenta un aprendizaje motivante.	
Ayudan a mejorar el autocontrol.	

Para evitar las consecuencias que se derivan de su mal uso, es importante tener presente estas tres premisas:

- **Controlar el tiempo:** es una de las claves a la hora de aprender a hacer un uso responsable de las tecnologías. Aunque no existe una pauta clara, parece que unas dos horas al día de ocio digital es lo recomendable. Contemplemos hacer excepciones los fines de semana o algún día concreto y mantengamos una actitud firme y serena cuando tengamos que decirle que se ha terminado el horario estipulado.
- **Controlar los contenidos:** para ello hay que conocerlos. Jugar con él te lo permite.
- **Participar con tu hijo:** las nuevas tecnologías forman parte de su tiempo de ocio. A tu hijo le atraen, incluirte en su juego te ayudará a establecer un tiempo en común, que reforzará vuestra relación.

Las siguientes pautas nos ayudarán a enfrentar de forma tranquila esta nueva situación en la familia, fomentando sus ventajas y minimizando las consecuencias negativas que se pueden derivar de un mal uso:

- Pon la televisión, el ordenador o la videoconsola en el salón o en un lugar común de la casa.
- En lugar de prohibir al uso de Internet o de los videojuegos, acompáñale mientras navega, juega o ve la televisión. Habla con él de lo que estáis haciendo, dale información para que interprete lo que ve.
- Para evitar el aislamiento que se puede derivar de un mal uso de las tecnologías, facilita momentos en los que tu hijo se relacione con sus iguales.
- Permítele que acceda a contenidos apropiados para su edad.
- Fomenta la responsabilidad. Que sea él el que se responsabilice de apagar la videoconsola, la tele o el ordenador pasado el tiempo establecido.
- Podemos elegir juegos que requieran la participación de varios jugadores, para jugar en familia o bien con amigos.
- Ayúdale a encontrar alternativas de ocio. Las tecnologías han de ocupar una parte de este tiempo, pero no todo.

Cambio de casa, colegio, ciudad

Estos tres cambios poseen muchas similitudes. Son nuevas situaciones estresantes para los niños y tu actitud al enfrentarlas será la que imiten. El caso que describimos en la siguiente página ilustra estos cambios y te puede dar pistas a la hora de acompañar a tu hijo en los mismos.

CASO PRÁCTICO

Eva tiene 7 años. A Andrés, su padre, su empresa le ha trasladado a otra ciudad bastante lejos de la actual. Los padres han decidido mudarse, por lo que cambiarán de ciudad, de casa y Eva de colegio, de amigos, de profesores... "¡muchos cambios en muy poco tiempo!", decían sus padres. ¡Es verdad!, si todos estos cambios suponían una fuente de estrés para sus padres, para Eva, por supuesto también, unido a la inseguridad que genera en los niños lo nuevo. Los padres de Eva llevaron a cabo las siguientes actuaciones con la finalidad de minimizar el efecto de los cambios. Para empezar, se dieron cuenta de que la clave estaba en incorporar a su hija en el proceso:

- Esperaron a tener claro el cambio de ciudad, a encontrar la nueva casa y el nuevo colegio al que iría. Cuando tuvieron todo esto decidido informaron a Eva y le dieron las explicaciones oportunas, animándola a que preguntara todo lo que quisiera. Le trasmitieron la información con entusiasmo y seguridad. Esto lo hicieron aproximadamente un mes antes del traslado. Colgaron en casa un calendario donde se marcó el día de la mudanza, tachando los días a medida que iban trascurriendo.
- Durante el tiempo que restaba hasta la mudanza, la llevaron a conocer la nueva ciudad, la nueva casa y el nuevo colegio. Visitaron el parque que estaba cerca de casa, la tienda de golosinas, las zonas de ocio, el supermercado...
- Juntos decidieron el color de la habitación de Eva, los muebles, la decoración...

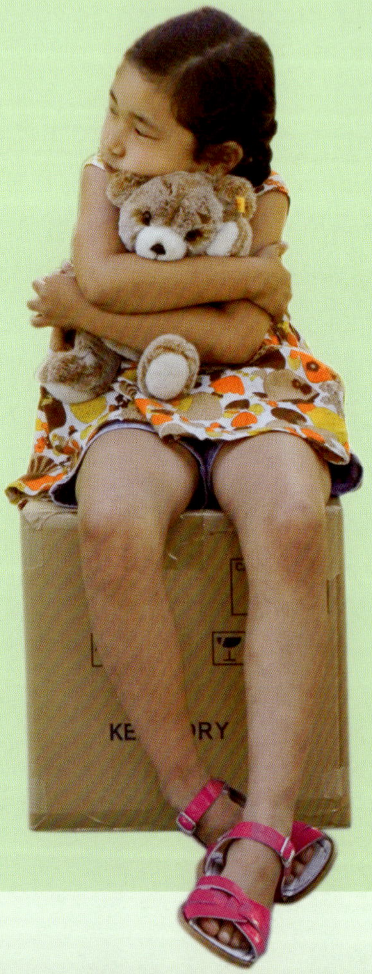

- Unos días antes de la mudanza, prepararon una fiesta de despedida, a la que Eva pudo invitar a todos sus amigos.
- Eva se responsabilizó de sus cosas y ayudó a sus padres a empaquetarlas.
- Una vez en la nueva casa, la primera habitación que se habilitó fue la de la niña, abriendo primero sus cajas.
- Desde el primer día en la nueva casa se intentaron mantener los hábitos y normas que se tenían hasta el momento.
- Unos días antes de empezar al nuevo colegio, prepararon juntos el material escolar y le contaron las ventajas de hacer nuevos amigos. Los primeros días de colegio la acompañaron y fueron a recogerla. Al acabar el colegio, pasaron tiempo extra con ella.
- Al principio viajaron de forma frecuente a su antigua ciudad, así Eva podría compartir tiempo con sus antiguos amigos y contarles sus novedades.
- Aunque al principio fue difícil, surgieron conflictos y a Eva se la veía un poco decaída, con un poco de paciencia y tiempo Eva logró adaptarse por completo y tener un grupo de amigos tal y como tenía antes.

El papel de los abuelos

Hoy en día, en casi todas las familias trabajan los dos miembros de la pareja, lo que dificulta que uno de los padres pueda dedicarse a cuidar del pequeño. En estos casos echamos mano de todos los recursos que están a nuestro alcance: canguros, escuelas infantiles... y cómo no, la inestimable ayuda de los abuelos. Estas razones han hecho que su papel, en muchos casos, haya pasado de ser meramente lúdico a convertirse en educadores.

Los abuelos suelen ser aliados de sus nietos, compañeros de juegos y más flexibles en cuanto a las normas. Cuando tienen que pasar mucho tiempo con sus nietos, y en ocasiones ejercer de educadores, pueden aparecer dificultades relacionadas con la autoridad entre padres y abuelos. Para evitarlas, tendremos en cuenta las siguientes medidas:

- Llegar a acuerdos con los abuelos. Explicarles las normas que marcamos en casa e intentar que las respeten.
- Flexibilidad. Permitiremos que adapten las normas a su manera de actuar.
- Que sea nuestro criterio como padres el que prevalezca cuando nos encontremos en compañía de los abuelos.
- Delimitar claramente sus tareas.

Todas estas medidas nos ayudarán, no obstante, no tenemos que olvidar que nuestra actitud en todo momento será de respeto, colaboración y agradecimiento. Después de todo ellos ya fueron padres y ahora son los abuelos.

El consumismo

El aumento del poder adquisitivo en algunos casos nos puede llevar a consumir de forma desmesurada. La publicidad y las modas también acrecientan este fenómeno. Si ven que tú consumes de forma desmedida, tus hijos también lo harán. Las ideas "que no le falte de nada a mi hijo" o "como yo no lo tuve, él lo tendrá" pueden llevarnos a trasmitirle esta actitud.

Debemos diferenciar entre lo necesario y lo que le apetece, transmitiendo que se necesita esfuerzo para conseguir las cosas. Siguiendo esta premisa te proponemos las siguientes estrategias:

- Busquemos actividades en familia que no supongan un gasto extra. En lugar de ir al cine, preparemos palomitas, refrescos y veamos una película de la tele o DVD; montemos un divertido restaurante en el salón o vayamos a merendar al campo algo hecho en casa.
- Dejemos los caprichos para acontecimientos importantes, por ejemplo su cumpleaños, o al finalizar el curso.
- En torno a los 6 años, puedes darle una asignación semanal, que gastará en lo que quiera, y aprenderá que cuando se gaste, tendrá que esperar hasta la próxima semana.
- Facilítale una hucha, explícale que si guarda un poco de dinero, más adelante podrá comprarse lo que quiera.
- Que él vea cómo en casa diferenciamos lo que es necesario de lo que nos gustaría tener, por ejemplo a través de la compra en el supermercado, o cuando vamos a comprarnos ropa. Además, si le explicamos (y ve) cómo poco a poco vamos ahorrando para comprarnos algún capricho al cabo de unos meses, él empezará a hacerlo con su asignación semanal, actitud que le acompañará hasta la edad adulta.

Hermanos

La llegada de un nuevo miembro a la familia es siempre un motivo de alegría, aunque en un primer momento no lo parezca para el que hasta ahora era el pequeño de la casa. Los celos son un sentimiento que todos experimentamos en mayor o menor medida. Los niños al tener un hermano también lo manifiestan. La edad va a influir en la reacción que tiene ante la llegada de su nuevo hermano, de tal forma que cuando tiene entre 3-4 años estas reacciones son más intensas, mientras que si el hermano nace cuando tiene entre un año o año y medio sus reacciones de celos disminuirán, ya que lo vive como si su hermano hubiese existido siempre. Si el mayor tiene 6 o 7 años cuando nace su hermano, los celos si existen serán menores, al no depender tanto de los padres y tener capacidad de razonamiento, no asocian la llegada del hermano con la pérdida de afecto de los padres.

Y si son dos... el trabajo también es por dos, así como las alegrías.

Cualquiera de las técnicas que hemos visto a lo largo de este libro puedes aplicarla en el caso de que tengas gemelos. Eso sí, pondremos especial interés en todas aquellas acciones que sirvan para diferenciarlos: llamarlos por su nombre, que cada uno tenga sus cosas, dedicarles tiempo individualizado, premiar a cada uno sus logros...

Puedes intentar disminuir el dolor que los celos provocan en tu hijo, pero no puedes evitárselo. En ocasiones provocan la vuelta a etapas anteriores (se hacen pis, quieren papilla o biberón...); comportamientos agresivos con los padres o el hermano (rabietas, desobediencia...).

Evitar comparar a los hermanos y dedicar tiempo al mayor, señalándole todos aquellos logros que lleve a cabo, es la máxima que tendremos presente en casa siempre que tengamos más de un niño.

Vamos a ver cómo actuar ante los celos con el caso de Víctor. Las pautas que siguieron sus padres pueden servirte con tu hijo:

CASO PRÁCTICO

Víctor tenía 3 años cuando sus padres decidieron ampliar la familia. A los pocos meses de quedarse embarazada su madre, sus padres le dijeron **"vas a tener un hermano",** noticia que acogió con gran ilusión ya que algunos de sus amigos ya los tenían. Durante el embarazo su madre le hizo partícipe de los cambios que iba viviendo, "mira qué grande está ya tu hermano", "fíjate cómo se mueve". Aunque en ocasiones los padres de Víctor, llevados por la ilusión, se vieron tentados a decirle lo bien que se lo iba a pasar con su hermano o qué divertido sería tener un nuevo compañero de juegos, intentaron no crearle falsas expectativas "para él su hermano al principio sería un rollo, estaría todo el día durmiendo, comiendo o acaparando la atención de toda la familia". En su lugar, le contaron todos los cuidados que iba a necesitar el nuevo miembro de la familia, e hicieron partícipe a Víctor en preparar la habitación, ropa... del bebé.

Así trascurrió el embarazo. A medida que se acercaba el día del nacimiento informaron a Víctor de cómo serían los días en los que mamá permanecería en el hospital: iba a estar en casa de los abuelos y papá iría todos los días a pasar la tarde con él, además de llevarle a visitar a su nuevo hermano Ramón.

Víctor estaba muy contento con la llegada del "nuevo" miembro de la familia, y aunque los primeros meses de Ramón transcurrieron muy tranquilos, no se hicieron esperar las reacciones de Víctor: continuas llamadas de atención, pataletas, no querer dormir en su cama, ciertos comportamientos agresivos hacia su hermano... iban dominando el hogar. Llegados a ese punto los padres incorporaron las siguientes pautas para disminuir estos comportamientos:

- Evitaron responsabilizar a Víctor del cuidado de Ramón. Ya no hubo más "cuida de tu hermano, mientras yo recojo la mesa".
- Pero sí lo involucraron en ayudar a su madre en las tareas de cuidado del bebé: ayudarle a bañarle, a vestirle, a darle de comer...
- Buscaron un tiempo para dedicarle a Víctor en exclusiva: ir al parque solos o montar en bicicleta.
- Le dieron privilegios por ser el mayor "Víctor tú te puedes quedar un rato jugando después de cenar, pero para tu hermano ya es hora de ir a dormir".
- Premiaron sus comportamientos adecuados e ignoraron los inadecuados. Se hizo hincapié en evitar regañar constantemente a Víctor.

De esta forma, consiguieron que sus celos fueran atenuándose y desapareciendo. Posteriormente surgieron otras dificultades, como las **peleas entre hermanos.** Para solucionarlas sus padres siguieron las siguientes recomendaciones:

- En caso de pelea, les darían un tiempo para ver si ellos solos lo solucionaban. Si no hubiese acuerdo, entonces intervendrían sus padres, primero escuchando a ambas partes y luego pidiéndoles una solución "¿qué podemos hacer con el coche?". Mientras no se encontrara una solución satisfactoria, se decidió que se retiraría el objeto de conflicto. Los padres podrían dar diferentes opciones a sus hijos.
- Cada uno tendría un sitio para poner sus cosas o sus juegos: un cajón o una estantería, así como un espacio propio.
- Para transmitirles la idea de compartir los juguetes, cada uno elegiría tres o cuatro juegos que no prestaría a su hermano, pero solo tres o cuatro.

Estas actuaciones ayudaron a disminuir las disputas entre hermanos y mejoraron su relación, y aunque actualmente existen algunas peleas entre ellos, no son tan frecuentes.

nueva situación. A esta edad las reacciones van desde los problemas de conducta hasta las respuestas emocionales como el miedo o el decaimiento, pasando por disminución del rendimiento escolar.

- **Hasta los 12 años:** entienden la separación más o menos como los adultos, pero además pueden comprender los motivos. Muchas veces advierten la separación como un fin a los conflictos familiares. A esta edad las manifestaciones son principalmente emocionales como ansiedad, tristeza...

Muchas parejas con hijos que deciden poner fin a su convivencia se plantean preguntas del tipo "¿cómo afrontamos la separación?", "¿cómo le afectará a nuestro hijo?" o "¿cómo se lo contamos?".

Aunque es complicado, la clave está en tener claro que la separación como pareja no tiene por qué ir en detrimento de nuestro papel de padres.

¿Qué podemos hacer en cada fase de la separación?

Antes de separarse: es el momento en el que tomamos la decisión, que llegamos a acuerdos sobre la custodia, pensión, visitas, quién se queda con quién... todo esto con la dificultad del estado emocional que nos produce un cambio de tal envergadura: ansiedad, tristeza, rabia, amenazas y ganas de dañar a la pareja. Es una fase complicada donde hay que dejar al niño al margen e intentar mantener sus rutinas. Es una decisión de los padres, evitaremos por tanto pedir opinión al niño e involucrarlo en las discusiones o peleas.

Un mediador familiar o un psicólogo pueden ayudar a la pareja durante este proceso de toma de decisiones.

Durante el proceso: una vez tomada la decisión de separarse es el momento de hablar con él. A la hora de llevarlo a cabo tendremos en cuenta:

- A ser posible estarán los dos padres con el niño en el momento de comunicárselo.
- Presentarlo como una decisión consensuada.
- Intentar mantener la calma y evitar echarnos a llorar o amenazar.

- No reprimir las reacciones del niño, es normal que llore, o se enfade.
- Ayudar a que el niño exprese lo que siente o que manifieste sus dudas.
- Contarle cómo va a ser su vida a partir de este momento, intentando que los cambios sean los mínimos.
- Evitar que se convierta en un tema tabú, tampoco hace falta contarles todos los pormenores. De lo contrario se verá obligado a tomar partido por alguno de los dos.
- Mostrarse a su disposición para resolver cualquier duda que le surja.

Después de la separación: este es el período de adaptación, en el que todos han de acomodarse a la nueva situación. El niño tendrá que comprender que ahora hay dos casas; la de mamá y la de papá. Que hayamos llegado a esta fase sin dificultades, no significa que ya lo haya asumido. El efecto negativo que las separaciones pueden tener en los niños está muy relacionado con cómo los padres manejan la situación posterior.

Una vez separadas, las parejas pueden convertirse en padres colaboradores o en padres enemigos, lo que determinará las reacciones en los niños.

Para minimizar el efecto o las consecuencias que se pueden derivar de esta situación en los niños conviene evitar actitudes como:

- Convertirlos en nuestros confidentes.
- Convertirlos en espías o mensajeros para trasmitir mensajes a nuestra ex pareja.
- Convertir al otro progenitor en un tema tabú, evitando hablar delante de él con el niño.
- Hablarle mal acerca del otro progenitor. El síndrome de alienación parental es el proceso a través del cual un progenitor "enseña" al niño a rechazar al otro padre.
- No informar al otro progenitor sobre acontecimientos importantes en la vida del niño.

Los efectos habituales de la separación de los padres se ven sustancialmente disminuidos en un ambiente en el que los padres se reparten las tareas, comparten las decisiones sobre la educación, se profesan respeto mutuo, dedican tiempo a sus hijos y, en casa, hablan con normalidad del otro progenitor.

Muerte de familiares

Se trata de un cambio importante en la estructura de la familia cuyas repercusiones dependerán de la relación que el niño tenía con el familiar fallecido y de la actitud de los padres ante la muerte.

Los niños reaccionan de forma diferente ante la muerte según su edad, por ejemplo hasta los 8 años no entienden la muerte como algo irreversible.

Es normal que el niño, ante la muerte de un ser querido o un familiar directo, muestre reacciones tales como llamadas de atención, agresividad, somatización, retorno a conductas propias de etapas infantiles, tristeza, irritabilidad, dificultad para concentrarse... De la intensidad de estos síntomas presentes en el duelo dependerá la necesidad de buscar ayuda profesional.

Aunque la explicación al niño va a depender de su edad y de la información que pueda procesar, las siguientes pautas pueden ayudarte.

- No le ocultes el hecho del fallecimiento.
- En el relato que le cuentes a tu hijo, incluye la palabra "muerte", evita el "se ha ido de viaje" o "está dormido".
- Ayúdale a que exprese sus sentimientos, no los reprimas: "es normal que llores y estés triste" en lugar de "no llores".
- Normaliza sus emociones "es normal que te enfades".
- Intenta retomar las rutinas habituales de la forma más inmediata posible.
- Permite que sea otro el que le cuente la noticia a tu hijo si tú no te encuentras en condiciones de hacerlo serenamente. Ya habrá tiempo más adelante para hablar con él.
- A medida que tu hijo crezca, quizás necesite datos más reales de lo ocurrido.
- Los niños son muy curiosos y a todo lo que tú no le des respuesta, lo buscará en otros y no podrás saber lo que le han respondido.

Nuevas estructuras familiares

Existen en la actualidad otras formas de familia diferentes a la formada por padre, madre e hijos. Podemos encontrar familias formadas por segundas parejas con o sin hijos de relaciones anteriores, por un progenitor y su hijo, o bien por dos padres del mismo sexo. Todas ellas con las dificultades y satisfacciones propias de la relación familiar.

Si tras la separación tenemos una nueva pareja, el niño tendrá que adaptarse a esta nueva situación. Es esperable que al principio la rechace, porque necesita de un tiempo para acomodarse. Podemos facilitar este cambio si:

- Presentamos a nuestra nueva pareja al niño cuando estemos seguros de que "la cosa va en serio".
- Es importante que hables con tu hijo, que te diga lo que siente, que lo exprese. No condiciones tu relación a la decisión de tu hijo. "entiendo que no te guste que Jesús venga a vivir a casa, porque son muchos cambios para ti, pero Jesús va a venir a vivir a casa".
- Al principio es mejor que la nueva pareja del progenitor haga actividades divertidas con el niño, cediendo el cumplimiento de rutinas y límites al padre.

- Dedica tiempo en exclusiva a tu hijo, tú eres su progenitor.
- Ponle con tu pareja actual las nuevas normas que regirán la casa y que serán igual para todos (especialmente si tu pareja también tiene hijos).
- Explicad, entre los dos, las normas que habéis consensuado a vuestros hijos, así como las consecuencias de su cumplimiento o incumplimiento.
- Hay un período de ajuste que hay que pasar donde se discutirán límites y hábitos que regularán la convivencia, seguramente acompañado de conflictos que se irán suavizando poco a poco.

Recuerda:

Un cambio implica suficientes novedades. No cambies rutinas y normas durante el proceso de adaptación. Son una de las variables que le aportarán seguridad durante el cambio.

Estemos alerta a los cambios de comportamiento que genera la nueva situación en el niño. Consultemos a un especialista si suponen una dificultad para su desarrollo y se mantienen en el tiempo.

No es tan importante el cambio, sino cómo nos adaptamos a é. Cuando lo conseguimos nos volvemos más flexibles, capacidad que nos hace más receptivos a entender y respetar a los demás.

Las nuevas tecnologías no pueden convertirse en canguros de tu hijo, el control del tiempo y el contenido deben ejercerlo los padres.

El nivel de exigencia con los abuelos que educan ha de ser menor que el de los padres del niño, ellos ya educaron y ahora tienen otro papel.

Las peleas entre hermanos responden en muchos casos a defender lo que cada uno considera suyo. Conforme van creciendo y adquieren capacidades como el dominio del lenguaje, la agresión y el número de enfrentamientos van disminuyendo.

Actitud de los padres

Si en el proceso de cambio transmitimos incertidumbre o reaccionamos con agresividad el niño enfrentará con miedo y/o ansiedad la nueva situación. Si por el contrario nuestra actitud es serena y segura le enseñaremos a adaptarse así a las nuevas situaciones.

Los cambios, cuando no son consensuados en pareja, llevan al niño a posicionarse donde más le convenga, normalmente negándose.

Apoyemos su reacción al cambio, aunque tenga tintes negativos, pero no le protejamos de las realidades que lo contemplan o anularemos su capacidad de adaptación a situaciones nuevas.

Dedicar tiempo a poner en común las actuaciones educativas con los abuelos del niño es clave para prevenir conflictos con estos.

Prohibir, lleva a hacer más deseable lo que no está permitido. Tenlo en cuenta a la hora de utilizarlo como forma de control.

Material complementario

EJEMPLO GRÁFICO DE PUNTOS*

Conductas/días	L	M	X	J	V	S	D
Premio							

*Ver página 88.

1ª semana: se premia todos los días si ha cumplido la tarea.

2ª semana: se premia el domingo si se han realizado todas las tareas durante toda la semana.

Los premios no vienen reflejados en este material porque para cada niño son distintos.
Recomendamos hacer dibujos del comportamiento si el niño no lee.

Algunos ejemplos de comportamientos que pueden contener la tabla de puntos (recuerda no elegir más de tres):

Alimentación:
Comer solo
Permanecer sentado
Poner y recoger la mesa
Terminar a tiempo

Sueño:
Acostarse a la hora
Quedarse en la cama
Despertarse en su cama

Estudio:
Cumplir el horario
Realizar las tareas
Hacer las tareas correctas

Higiene:
Vestirse y desvestirse solo
Enjabonarse solo
Levantarse seco
Lavarse los dientes

Otras:
Recoger los juguetes
Ir de la mano en la calle

APRENDIENDO A SOLUCIONAR PROBLEMAS CON EL MONO BRUNO*

Lámina 1:
Tengo un problema.

Lámina 2:
¿Cómo puedo hacerlo?

Lámina 3:
¿Estoy utilizando mi plan?

Lámina 4:
¿Cómo lo hice?

*Ver página 102.

PARA QUE PUEDA RELAJARSE EN CUANTO NOTA QUE SE PONE TENSO*

1º Cuéntale: "cada uno, cuando tiene miedo, nota que el cuerpo le manda señales. Hay quien empieza a respirar más rápido, a otros se les acelera el corazón y parece que se les va a salir del pecho, en algunos casos entran ganas de vomitar o de hacer pis y a casi todos se les ponen los músculos muy duros y tensos ¿qué te ocurre a ti?

2º Detectada la señal de tensión que le envía el cuerpo le pediremos que cada vez que la note se relaje. Te proponemos aplicar el procedimiento de **relajación muscular progresiva de Koeppen (1974).** Es el más utilizado porque los niños lo aprenden y practican en poco tiempo. Cuando vayamos a llevar a cabo estos ejercicios, debemos buscar un lugar tranquilo y sin interrupciones, con luz y temperatura agradables, que faciliten al niño centrarse en la tarea. Con un tono de voz suave cuéntaselo y ve indicándole los movimientos que te describimos en los distintos pasos a seguir. El objetivo es que con el tiempo se relaje él solo:

Manos y brazos

Le decimos al niño "imagina que tienes un limón en tu mano izquierda. Trata de exprimirle todo el jugo. Siente la tensión en tu mano y brazo mientras lo estás exprimiendo. Ahora relájalo y deja caer el limón. [Repetimos el mismo procedimiento con la mano y el brazo derechos]. Fíjate cómo están ahora tus músculos. Están relajados".

Brazos y hombros

"Vamos a imaginarnos que eres un gato muy perezoso y quieres estirarte. Estira o extiende tus brazos frente a ti, levántalos ahora sobre tu cabeza y llévalos hacia atrás, intenta tocar el techo. Fíjate en el tirón que sientes en tus hombros. Ahora deja caer tus brazos a los lados. Muy bien. Fíjate qué bien te sientes cuando estás relajado".

***Ver capítulo "Miedos y manías" (página 50).**

Hombros y cuello

"Imagina que eres una tortuga sentada encima de una roca, en un apacible y tranquilo estanque, relajándote al calor del sol. Estás tranquilo y seguro allí. ¡Oh! De repente, sientes una situación de peligro. ¡Vamos! mete la cabeza en tu concha, tienes que tener la cabeza totalmente metida para poder protegerte. Trata de llevar los hombros hacia las orejas intentando meter la cabeza entre ellos, mantente así, no es fácil ser una tortuga dentro de su caparazón... Ahora el peligro ya pasó, puedes salir de tu concha y volver a sentir la luz, relájate y túmbate a tomar el cálido sol. Fíjate en que te sientes mucho mejor cuando estás relajado que cuando estás tenso".

Mandíbula

"Imagínate que tienes un enorme chicle en tu boca, es muy difícil de masticar, está muy duro. Intenta morderlo, deja que los músculos de tu cuello te ayuden, intenta apretarlo, fuerte, que se meta entre tus dientes. Muy bien, lo estás consiguiendo... Ahora relájate, deja tu mandíbula floja, fíjate qué bien te sientes cuando dejas la boca caída. Intenta relajar tu cuerpo entero, quedarte como flojo, lo más flojo que puedas".

Cara y nariz

"Ahora viene volando una de esas molestas moscas y se ha posado en tu nariz, trata de espantarla pero sin usar tus manos. Intenta hacerlo arrugando tu nariz. Procura hacer tantas arrugas con tu nariz como puedas. Deja tu nariz arrugada, fuerte. ¡Muy bien! has conseguido alejarla, ahora puedes relajar tu cara. Fíjate que cuando arrugas tan fuerte tu nariz, tus mejillas, tu boca, tu frente, hasta tus ojos te ayudan y se ponen tensos también. Intenta dejar tu cara tranquila, sin arrugas. Siente cómo tu cara está ahora más tranquila y relajada".

Estómago

"Imagina que estás tumbado sobre la hierba. ¡Oh! Mira, por ahí viene un elefante, pero él no está mirando por dónde pisa, no te ha visto, ¡va a poner un pie sobre tu estómago! ¡no te muevas! no tienes tiempo de escapar. ¿Estás preparado? tensa el estómago fuerte, si él te pisa y tienes el estómago duro, no te hará daño. Pon tu estómago duro como una roca... ya se va. Puedes relajarte, siente la diferencia que existe cuando tensas el estómago y cuando lo dejas relajado. Así es como quiero que te sientas, tranquilo y relajado".

Piernas y pies

"Imagínate que estás parado, descalzo, y que tus pies están dentro de un pantano lleno de barro espeso. Intenta meter los dedos del pie dentro del barro, lo más dentro que puedas. Probablemente necesitarás tus piernas para ayudarte a empujar. Empuja hacia dentro, siente cómo el lodo se mete entre tus dedos... Ahora sal fuera y relaja tus pies. Te sientes mejor cuando estás relajado. No tenses nada, te sientes totalmente relajado".

Imagina ahora tu lugar preferido mientras estás relajado, qué bien se está ¿eh? Este último paso será la señal para iniciar la relajación cuando note la señal de ansiedad. Recordar su lugar preferido le ayudará a relajarse y parar las señales ansiógenas antes de que le paralicen para actuar.

Hay que insistir mucho en que note la diferencia de los músculos: de cuando están tensos a cuando están relajados, así como en las sensaciones tan agradables que produce el estado de relajación. Si la respuesta al miedo sigue siendo la misma o aumenta, habrá que plantearse la intervención de un profesional que nos guíe en la aplicación de técnicas que solucionen el problema.

Qué han aprendido

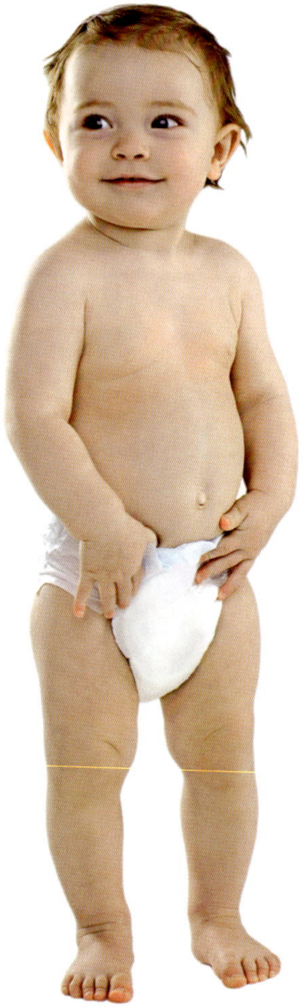

¿Hay que invertir tanto esfuerzo en enseñar? Si no te paras a analizar qué es lo que estás desarrollando en tu hijo, no tendría sentido que pusieras en práctica todo lo que te hemos ido señalando a lo largo del libro.

Entre 0 y 6 años la capacidad e intensidad de aprendizaje de los niños es enorme. Muchos padres se plantean la importancia de ser estrictos en el mantenimiento de rutinas y límites adecuados desde edades muy tempranas. El argumento más generalizado es que todos los niños acaban comiendo, durmiendo, masticando o haciendo pis en el váter. Lo cierto es que están aprendiendo a aprender y, si lo consiguen, serán capaces de hacerlo con cualquier cosa. Hay que saber, además, que cualquier aprendizaje que no se da en el momento preciso, es mucho más difícil de adquirir con posterioridad.

Cuando en casa se aprenden rutinas y normas, los niños se sienten seguros y protegidos porque:

Les permite adquirir capacidades y desarrollar su autonomía, es decir, son competentes para hacer las cosas sin que nadie se lo pida. Si ven reconocidos sus pequeños logros, afianzan su autoestima y se sienten preparados para enfrentar las dificultades. Cuando el niño comienza a ponerse solo los pantalones y le animas diciendo "vamos campeón, que ya está casi conseguido, tú puedes", al poco tiempo intentará abrocharse los botones y le escucharás decir "yo solito". De los 0 a los 6 está preparado para un sinfín de aprendizajes y sería una pena privarles de un ambiente que estimule sus capacidades. De adulto será él quién se diga a sí mismo: "soy capaz, ya lo he hecho otras veces", teniendo muchas más probabilidades de enfrentar con éxito el día a día.

Los niños que resuelven se adaptan mejor, porque adquieren la capacidad de establecer estrategias de solución a situaciones difíciles. Reflexionan y evalúan sus pensamientos, emociones y acciones antes de establecer alternativas de solución. Solo entonces, eligen una y la ponen en marcha. Si el resultado no es el esperado, piensan en otra opción sin desfallecer a la primera contrariedad, ni dejarse llevar por ideas del tipo "no soy capaz, no valgo para nada" o "los demás tienen la culpa y no me entienden". Este esquema de solución enseña a tolerar la frustración y reconocer errores, evaluar limitaciones y seguir planteándose retos que superar, "no he jugado el partido como esperaba. Aunque he corrido mucho, no he marcado gol. Tengo que estar más atento a las indicaciones del entrenador" en lugar de "el entrenador me tiene manía y por eso juego menos que el resto" o "soy un torpe, todos juegan mejor que yo". Cuando les enseñemos todo lo anterior, ellos generarán un patrón estable de comportamiento que aumentará sus posibilidades de éxito en lo que decidan emprender, entendiendo que esforzarse por las cosas tiene su premio.

Las visiones negativas nos hacen ser poco resolutivos y eficaces. "Es inútil insistir, soy un fracaso". En cambio, el pensamiento en positivo nos hace actuar de la misma forma."No he marcado, pero he participado más. Si sigo acudiendo al entrenamiento, mejoraré".

Los fracasos le servirán de estímulo para superarse, "algunas cosas no salen como me gustaría, pero puedo mejorar". De adultos emprenderán retos porque están motivados para actuar "quiero cambiar de trabajo". Como aprendieron a ser optimistas, se centrarán en los aspectos positivos de la tarea, "tengo experiencia en mi campo e igual que llevé a cabo mi búsqueda de empleo anterior puedo hacerlo ahora". No permitirán que determinados mensajes bloqueen su acción, "el momento no es el mejor, pero puedo intentarlo", en lugar de "dónde voy a ir, tal y como están las cosas, ni me planteo mejorar"; y juzgarán su actuación, no a ellos como personas, "se me da mal iniciar conversaciones, pero puedo entrenar algunas formas de hacerlo" en lugar de "soy incapaz de contarle algo a alguien, tendré que esperar un golpe de suerte y que me reclamen de algún sitio".

Para conseguir lo expuesto en el párrafo anterior necesitan conocer y respetar desde pequeños rutinas y normas, que les darán la seguridad y protección necesaria para enfrentar el mundo y sentirse felices.

Las rutinas

Las rutinas, cuando se interiorizan, nos permiten adquirir nuevos aprendizajes. Solo tenemos que recordar cuando empezamos a conducir y únicamente podíamos estar pendientes de la marcha que teníamos que meter, el coche de al lado a la hora de cambiar de carril, etc. En cuanto nos habituamos, pudimos atender la conversación del copiloto o la radio sin que interfiriera en la conducción.

Tener rutinas nos facilita la vida porque genera un esquema organizado de actuación. El horario que marcamos en casa da orden a la vida del niño, que sabe qué le toca hacer. Llega un momento en el que se levanta, se viste y desayuna sin que sus padres tengan

que estar presentes. Eso nos asegura que de adulto será capaz de ir a trabajar cada mañana, cumplirá con su horario, organizará sus pagos, etc. porque conoce y tiene asimilado un esquema de funcionamiento ordenado.

Las normas

Las normas previenen la aparición de comportamientos agresivos duraderos en el tiempo. Los padres que enseñan a sus hijos a entender e interiorizar que las cosas no se hacen cuando y como quieren, ponen límites coherentes y son respetuosos consiguen que aprendan a canalizar la agresividad y la ansiedad. De este modo, el niño se mostrará tolerante cuando las cosas no salgan como él quiere. "Si dibujas ahora, solo tendrás 20 minutos; si lo haces después de cenar, podrás hacerlo hasta que te acuestes". Los límites le harán capaz de manejar su estrés, identificar los problemas y manejar estrategias para solucionarlos. "Ana me ha quitado la muñeca", "tú puedes jugar con otra, cambiársela por tu cochecito o pedirle que juguéis juntas a otra cosa, elije". Puede que jueguen juntas o puede que haya que buscar otra alternativa como jugar con otro niño, pero no resolverá este problema agresivamente ni saldrá corriendo para que otro se lo solucione. Sabrá qué es el enfado, cómo liberar la ira, qué le hace sentirse así y cómo reducirlo. Regulará su comportamiento porque aparecerá la reflexión, lo que le ayudará a evitar conflictos innecesarios con los demás, "entiendo que estés enfadado, pero no voy a concederte lo que me pides", en lugar de "¡eres un caradura. Lo único que buscas es aprovecharte de mí!".

Decir NO cuesta y asusta, porque sospechamos la reacción que tendrá en el niño. La culpa que genera no pasar tiempo con ellos nos hace indulgentes, por la idea de "pobrecito, con lo pequeño que es, ya le tocará sufrir de mayor" o simplemente por cansancio "por no oírle". El niño sin NO, no sabe aceptarlo y cada vez se vuelve más exigente, pero tampoco sabe decirlo y ambas cosas fomentan reacciones agresivas y ansiosas hacia él mismo o hacia el entorno. Aunque nos sintamos aliviados cuando deje de llorar porque le hemos concedido lo que pedía, debemos reflexionar acerca de las consecuencias que tendrá en su desarrollo a largo plazo. El esfuerzo por lograr las cosas depende del NO que le demos en la infancia. Perdamos el miedo a decirles que no.

"¿Por qué me insultas?" decía una madre a su hijo de 8 años, "porque no has puesto la peli que te he dicho"; "bueno, pero la próxima vez pídelo mejor". A veces pensamos que nuestros hijos solo funcionan si utilizamos premios y castigos. Sin embargo, estos solo son un instrumento de aprendizaje para conseguir que asimilen qué pueden o no hacer. Lo esperable es que cada vez sea menor la necesidad de aplicar consecuencias desagradables para que se cumplan las normas. Con consecuencias nos hacemos responsables de lo que nuestro comportamiento genera en los demás. Entonces podemos entender lo que les ocurre a otros, respetar sus decisiones e intentar hacerles el menor daño posible. En resumen, valoraremos y seremos respetuosos con los otros.

Educar emocionalmente

Educar emocionalmente a nuestros hijos significa conseguir que adquieran capacidades que resuelvan las dificultades relacionadas con sus sentimientos y los de los demás. Un niño emocionalmente inteligente sabrá definir, controlar y expresar sus emociones. Crecer sabiendo lo que sentimos no nos hace mejores o peores personas, es algo que solo conseguiremos con la forma en que manejemos esos sentimientos.

Controlar las emociones permite que disfrutemos de ellas, canalizándolas para que no sean las que dominen nuestro comportamiento, evitando la impulsividad y dando paso a la reflexión, "cuando me insultas me enfado porque creo que no tienes razón. Si bajaras el tono y me contaras qué es lo que te molesta, podríamos encontrar una solución", sin entrar en insultar al otro, ni subiendo más el tono, evitando hacer daño a los demás y buscando soluciones.

Ser emocionalmente inteligente es incluir en tu esquema de vida valores como la tolerancia, el respeto, el compromiso, la responsabilidad o el perdón. Convertirse en analfabeto emocional trae consecuencias como obrar por impulsos, ser agresivo, dejarse dominar por la ansiedad, huir o escapar de situaciones o estar deprimido. Cuando los padres se ocupan de la educación emocional de su hijo, están aumentando sus posibilidades de éxito en la pareja, los amigos, el grupo de trabajo, es decir, en todas las relaciones sociales que tenga que establecer.

Este proceso está estrechamente unido al desarrollo de la autoestima que, aunque cambiante a lo largo de la vida, asienta sus cimientos en la infancia.

Desarrollamos su autoconcepto (conocer sus capacidades y limitaciones), y como consecuencia tendrá en cuenta las emociones de los demás cuando actúe. El niño se convierte en alguien asertivo al que no le preocupa defender sus derechos, pero calibrando el efecto que estos tendrán en los demás para minimizar el daño, "entiendo que lo que me estás pidiendo es importante para ti, pero yo no voy a hacerlo".

Si entiende que equivocarse es un derecho, comprenderá los errores de los otros. Actitudes como la agresividad, la exigencia, la tiranía, la dependencia emocional, el desprecio por otros o cualquier forma de maltrato a los demás o a uno mismo no tienen cabida en una persona con una autoestima sana.

Los niños tienen derecho a recibir una educación (Declaración de los Derechos del niño, ONU 1989). De esta afirmación se puede deducir que el aprendizaje nos coloca en igualdad de condiciones. El colegio, las tareas escolares y el estudio desarrollan su memoria y atención, les ejercita la concentración a la tarea y les entrena en la planificación de objetivos realistas acorde con sus capacidades. En definitiva, les prepara en la gestión de su tiempo, el que dedicarán a las obligaciones y al ocio. Cuando descubren que entienden lo que estudian y perciben que el aprendizaje perdurará en el tiempo, elaborarán opiniones personales que serán capaces de expresar libremente, otro de los derechos que contempla la declaración.

Habilidades sociales

La vida está llena de situaciones en las que nos relacionamos y, si aprendemos a hacerlo, nos sentiremos más felices. Relacionarse bien no es vivir una eterna fiesta de cumpleaños. Así, decimos que no a un amigo que nos pide el coche, le decimos a nuestros vecinos que esa noche no iremos a cenar a su casa, escuchamos que el jefe piensa que no hemos trabajado lo suficiente y pedimos a conocidos que nos hagan favores.

Cuando tu hijo aprende habilidades sociales y le brindas situaciones en las que ponerlas en práctica, ejercita la forma de conseguirlo. Para muchos de sus objetivos es imprescindible contar con el otro. Disfrutará de las relaciones con los amigos, la familia o la pareja porque las vivirá como fuente de satisfacción y evitaremos que sus relaciones estén marcadas por la desconfianza, la sumisión o el rechazo. Si das un beso a tu hijo mientras le dices buenas noches, le agradeces que te haga un favor o le pides que cambie su comportamiento, serás el mejor modelo a imitar en sus relaciones con los demás.

Normas, rutinas, inteligencia emocional y habilidades sociales son áreas que están estrechamente relacionadas. Cuando desarrollas alguna de ellas, las otras se ven mejoradas y por el contrario, si alguna queda coja, repercutirá en las demás.

Ninguna persona es igual que otra y eso nos convierte en únicas. Las características y capacidades de cada niño son las que nos tendrán que marcar el ritmo de su desarrollo. Todos los padres buscan lo mejor para sus hijos porque es lo que más quieren, lo que más les preocupa y en lo que más tiempo invierten. Por eso, esperamos que la lectura de este libro te acompañe en la tarea más difícil, pero más satisfactoria con la que un adulto se encuentra en su vida.

Aprender a enseñar.